U0874816

弹性运输网络枢纽选址策略研究

毕海玲　张旭涛　著

天津大学出版社
TIANJIN UNIVERSITY PRESS

内容简介

本书系统介绍了弹性运输网络枢纽选址策略，包括常规运输网络枢纽选址问题数学建模及求解、特定枢纽失效时弹性运输网络枢纽选址策略、枢纽随机失效时弹性运输网络枢纽选址策略、考虑应急预案的弹性运输网络设计策略以及基于弹性的运输网络关键枢纽识别等问题，重点解决不同情况下考虑网络弹性的运输网络枢纽选址建模策略及模型求解算法设计等技术难题，所研究的问题和采用的技术方法均有一定的创新性，可以为弹性运输网络设计研究提供借鉴。

本书可作为高等院校交通运输、物流管理等专业的研究生教学参考书，亦可供有关科研人员参考使用。

图书在版编目(CIP)数据

弹性运输网络枢纽选址策略研究 / 毕海玲, 张旭涛著. -- 天津 : 天津大学出版社, 2023.9

ISBN 978-7-5618-7598-8

Ⅰ. ①弹… Ⅱ. ①毕… ②张… Ⅲ. ①交通运输网－选址－研究 Ⅳ. ①U113

中国国家版本馆CIP数据核字(2023)第175953号

出版发行	天津大学出版社
地　　址	天津市卫津路92号天津大学内(邮编:300072)
电　　话	发行部:022-27403647
网　　址	www.tjupress.com.cn
印　　刷	北京盛通商印快线网络科技有限公司
经　　销	全国各地新华书店
开　　本	710 mm×1010 mm　1/16
印　　张	7.75
字　　数	114千
版　　次	2023年9月第1版
印　　次	2023年9月第1次
定　　价	32.00元

前　言

弹性是衡量运输网络可靠性和生存性的一个重要的综合性指标，弹性好的运输网络在受到各种失效或中断事件冲击时，能吸收和降低其影响，并且能快速恢复到正常状态。运输网络中枢纽是核心和关键，人员和物资均围绕交通枢纽集结或展开，枢纽位置的选择对运输网络的效率和安全性有重大影响，在运输网络设计时应充分考虑枢纽失效对运输网络的影响。枢纽失效的原因包括破坏、袭击、恶劣天气、自然灾害等，这些因素往往不确定，在运输网络设计时充分考虑这些不确定因素，通过优化枢纽选址和运输路线并采取相关弹性管理策略以提高运输网络应对失效或中断事件的能力，是当前运输网络特别是国防运输网络设计面临的一项重大实践课题。

传统枢纽选址问题的研究对象大多为单一运输网络，而现实运输网络往往是多式联运，存在多种运输方式，这就使问题变得复杂。现有多式联运研究一般只关注一定约束下枢纽选址或联运方式选择对运输网络成本或效率的影响，均未考虑枢纽失效的情况。当前运输网络弹性研究一般将网络节点视为同质的，而运输网络中枢纽的作用和重要性远大于普通节点，考虑运输网络的弹性应重点关注枢纽失效问题。考虑枢纽失效情况时，已有方法仅适用于最多有一个枢纽失效的情况，而由于我国的运输网络是军民一体的，运输网络枢纽面对的潜在威胁和不确定因素较多，且存在不同的失效模式，故综合考虑上述因素的运输网络枢纽选址建模策略及模型求解算法设计存在较高的技术难度。

本书以弹性运输网络设计为研究对象，考虑枢纽失效因素，从枢纽选址策略和弹性管理措施等角度研究如何提高运输网络弹性，以提高运输网络应对枢纽失效冲击的能力，提高运输网络的效能。本书系统介绍了常规运输网络枢纽选址问题数学建模及求解、特定枢纽失效时弹性运输网络枢纽选址策略、枢纽随机失效时弹性运输网络枢纽选址策略、考虑应急预案的弹性运输网络设计策略以及基于弹性的运输网络关键枢纽识别等问题，重点解决不同情况下考虑网络弹性的运输网络枢纽选址建模策略及模型求解算法设计等技术难题，所研究的问题和采用的技术方法均有一定的创新性，具有较强的理论意义。

枢纽选址和路线规划是运输网络设计的核心内容，枢纽失效对运输网络弹性的影响最大，通过研究不同枢纽失效情况下的运输网络枢纽选址等问题，使运输网络先天就具备良好的弹性以应对各种威胁，从而提高运输网络效能；对枢纽选址的定量研究可以为加强国防交通建设提供依据；运输路线规划方案可以为运输力量编成、运输方案高效实施提供辅助决策参考；预设备用路线和枢纽失效后的应急路线调度策略可以为制定应急运输预案提供量化指导，相关研究成果和结论具有较强的实践应用价值。

本书由毕海玲、张旭涛共同撰写，何松柏、刘亚东、傅钰、马麟丽、张宇、范玉琦等参与了其中的一部分工作。本书的出版得到了天津大学出版社的大力支持，姚卫东编辑为本书内容编排等提出了宝贵的意见，在此表示衷心的感谢，同时对本书中引用资料的作者表示诚挚的谢意！由于作者水平有限，书中难免存在不足之处，敬请读者批评指正。

作者

2022 年 11 月

目　录

第1章　绪论

构建安全高效的运输网络是我国交通运输建设面临的一项重大实践课题。由于交通枢纽是运输网络的核心，枢纽失效会对运输网络的安全性和效率有重大影响，因此在设计运输网络时应该考虑不同情况下枢纽失效的影响，研究枢纽选址和应急管理策略，使运输网络先天就具备良好的弹性以应对各种威胁，从而提高运输网络的效能。

1.1　基本概念辨析

1.1.1　系统弹性

弹性（Resilience）的概念最早来源于物理学的胡克定律，即在弹性限度内，物体的形变与引起形变的外力成正比。随后，弹性被引入各种系统中并作为系统的内在属性之一，集中反映系统在受到冲击后的恢复能力。除弹性外，柔性（Flexibility）、鲁棒性（Robustness，也称稳健性）、可靠性（Reliability）也是常见的描述系统性能的指标，这里对这些概念进行简要区分。系统的柔性是指系统适应不确定性变化的能力，这种不确定性变化可能是需求的波动，也可能是供应商的变换或生产系统的扰动。系统的鲁棒性，也称健壮性或稳健性，是指系统在一定的参数摄动下维持某些性能的特性，即系统的某些关键性能指标对参数的变化不敏感，如飞机在气流扰动下保持平稳姿态的能力。系统的可靠性是指在一定时间内、一定条件下无故障地执行指定功能的能力或可能性。弹性是相对于系统网络上发生的失效事件而言的，而且这些失效事件被界定为发生概率低且影响较大的突发事件，经常在系统运营过程中发生的扰动事件不属于弹性研究的范畴。这四种特性既相互联系，又有内涵和外延的根本区别。

图 1-1 描述了一个弹性网络系统在遭到中断事件冲击时所经历的一般过程。其中，t_0 至 t_1 期间系统处于正常状态，反映了系统的可靠性；在 t_1 时刻网络系统遭到中断事件冲击，之后系统性能快速下降，其下降程度反映了系统的生存性或脆弱性；在中断事件发生一定时间后，即 t_2 时刻系统进入自调整期，系统性能开始缓慢恢复，恢复程度取决于系统的柔性；t_3 至 t_4 期间由于应急管理及抢救抢修等措施的介入，系统性能开始快速恢复，恢复的程度取决于各种措施的效果及投入，系统在遭到中断事件后的最终状态的性能与中断前的性能之比反映了系统的弹性。

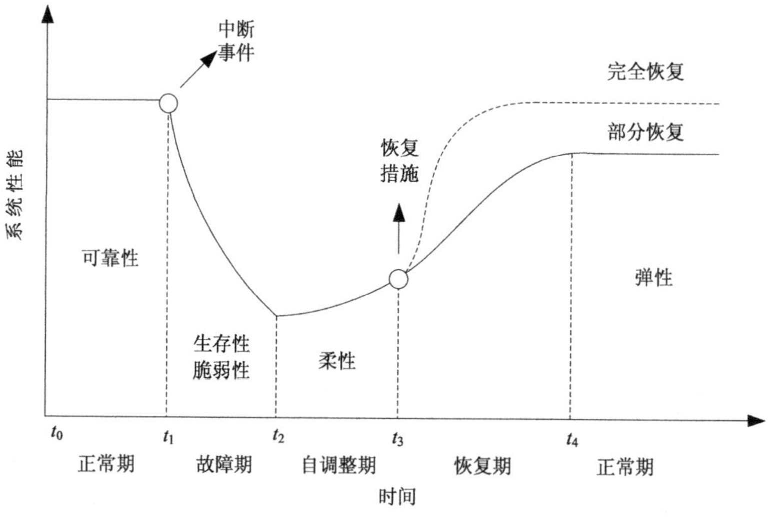

图 1-1　系统弹性过程

通过以上分析我们可以看出，弹性可衡量系统吸收和降低失效或中断事件冲击影响的能力，从任务完成的角度综合反映网络系统的生存性，是一个综合性指标，它包括固有属性和调整属性两个方面。其中，固有属性包含系统的可靠性、脆弱性和柔性等指标，调整属性则取决于一系列弹性管理活动的实施效果。

1.1.2　网络结构

网络存在多种拓扑结构，包括线形结构、网格结构、星形结构、树状结构等，如图 1-2 所示。轴辐式网络（Hub-Spoke Network）是建立在星形拓扑结构基础上的集中式网络，由轴（Hub）和辐（Spoke）组成，其中轴表示网络的中心枢纽节点，辐表示由中心枢纽节点所辐射的线路。枢纽网络系统可以分成两层网络：第一层是枢纽节点组成的枢纽网络；第二层是非枢纽节点与枢纽之间的辐网络。与其他拓扑结构网络相比，轴辐式网络结构最大的优势在于通过枢纽转运实现服务在时间和空间上的集中而产生的规模经济效应。

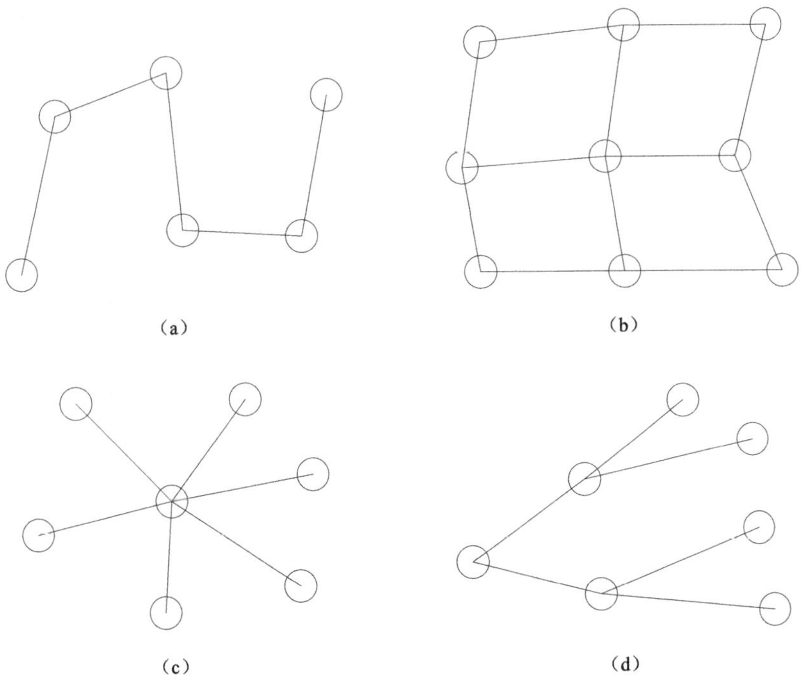

图 1-2　网络拓扑结构图

(a)线形结构　(b)网格结构　(c)星形结构　(d)树状结构

1.1.3　多式联运

多式联运是由两种及两种以上的交通工具相互衔接、转运而共同完成的运输过程，主要采用各种运载工具和铁路、公路、水路、航空等运输方式，是交通运输的一种基本运输方式。

多式联运在轴辐式网络中具有举足轻重的地位，应用前景广阔。为了降低网络总成本，提高网络运输服务效率，运输经营者在轴辐式网络的基础上将其分散在不同区域的小批量货物预先集中到几个大型中转枢纽上，形成一定规模的货物流后，通过选择合理的运输模式和相应的运载工具，充分发挥各种运输方式的经济优势，尽可能地产生规模经济效应，然后将货物运送到需求区域的大型中转枢纽，最后进行分配，如图 1-3 所示。

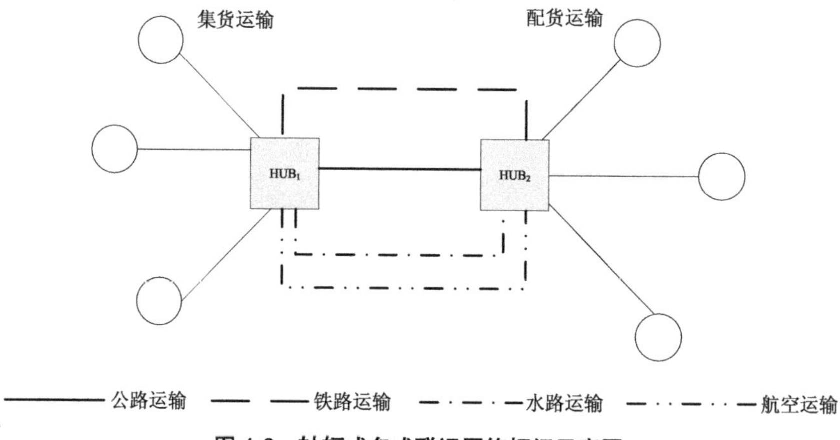

图 1-3　轴辐式多式联运网络枢纽示意图

从图 1-3 可以看出，多式联运以轴辐式网络为主要架构，以大型中转枢纽为网络核心，将集中的货物通过大型中转枢纽之间的干线运输，完成供应区域到需求区域的运输。其中，中转枢纽之间的干线运输可以采用公路、铁路、水路、航空等多种运输方式，供应区域和需求区域通过自身内部的公路对货物进行集散运输，这样就会使中转枢纽对货流的吸引范围向供应区域和需求区域的内部和周边扩展，从而带动区域经济的发展。

1.1.4　枢纽选址

枢纽选址问题主要依据解的范围、准则、枢纽节点个数、枢纽容量以及非枢纽节点到枢纽节点的分配方式等分类。根据解的范围，枢纽选址问题可以分为连续型枢纽选址问题和离散型枢纽选址问题；根据枢纽节点有无容量限制，可以分为无容量限制的枢纽选址问题和有容量限制的枢纽选址问题；根据非枢纽节点到枢纽节点的分配方式，可以分为单分配枢纽选址问题和多分配枢纽选址问题。其中，单分配指非枢纽节点只允许与一个枢纽节点相连，任何非枢纽节点到达目的地之前，输入 / 输出流都只能经过一个枢纽节点，其结构图如图 1-4（a）所示；多分配指非枢纽节点依据所要到达的目的地，可以与多个枢纽节点相连，其结构图如图 1-4（b）所示。

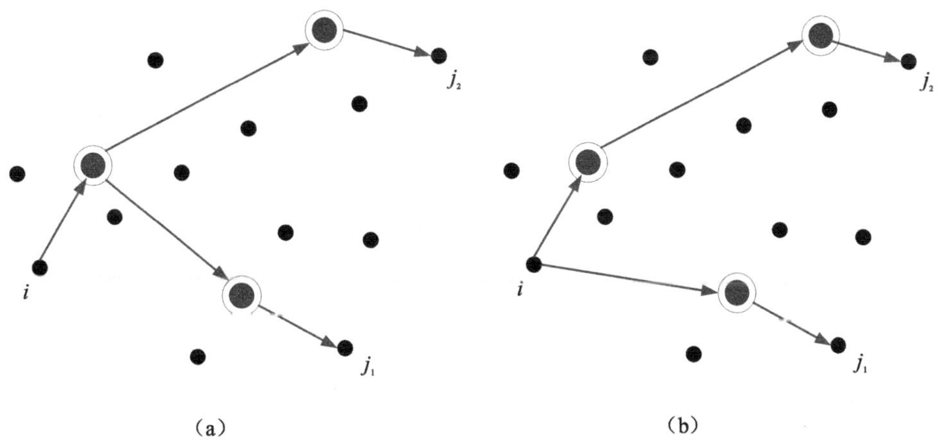

图 1-4　单分配和多分配结构示意图

(a)单分配结构　(b)多分配结构

1.2 主要研究问题

某大型交通运输任务路线预案简图如图 1-5 所示，从图中可以看出，运输网络属于典型的轴辐式结构，枢纽节点连接度高，非枢纽节点连接度低；另外，运输任务实施过程中综合运用了铁路、公路、海运等多种方式，其运输过程属于多式联运。由于交通枢纽是运输网络的重要组成部分，人员和物资均围绕交通枢纽集结或展开，枢纽位置选择对运输网络的效率和安全性有重大影响。受蓄意破坏、恐怖袭击、恶劣天气、自然灾害等不确定因素影响，枢纽面临失效的风险且失效模式不同。当运输网络面对蓄意破坏和恐怖袭击等威胁时，破坏者一般会选择那些对运输网络影响较大的枢纽进行破坏，失效事件以特定枢纽失效为主；当运输网络面临恶劣天气、自然灾害等不确定因素时，枢纽以某种概率随机失效的情况则更为常见。在运输网络中，当出现失效或中断事件时，尽管采取抢修、恢复等事后应急管理措施恢复运输网络性能，但运输网络弹性在很大程度上还取决于其固有属性，一方面运输网络拓扑结构和节点连接方式对运输网络弹性有重大影响，另一方面在运输网络设计时事前考虑失效事件的影响而采取预防措施能大大增强运输网络应对冲击事件的能力。因此，在运输网络设计时考虑枢纽失效因素，通过优化枢纽选址和运输路线并采取相关弹性管理策略提高运输网络应对失效或中断事件的能力，是当前加强国防交通运输能力建设面临的一项重大实践课题。

与传统选址问题相比，运输网络具有网络结构复杂、运输方式多样、不确定因素多等特点，将现实问题抽象为科学问题的数学建模过程较困难。另外，构建的整数规划模型中往往含有多个多层目标函数或未知随机变量，使模型定量求解异常复杂。本书以弹性运输网络设计为研究对象，考虑枢纽失效因素，从弹性角度研究运输网络设计中的枢纽选址策略和弹性管理措施等问题，增强运输网络应对枢纽失效冲击的能力，提高运输网络效能。本书重点解决不同情况下考虑网络弹性的运输网络枢纽选址建模策略及模型求解算法设计等技术难题，所研究的问题和采用的技术方法均有一定的创新性，主要包括以下内容。

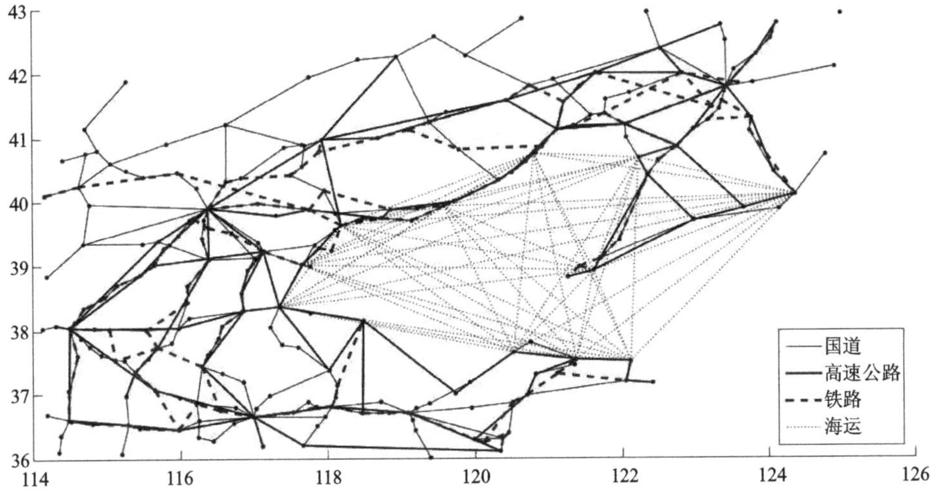

图 1-5　某大型交通运输任务路线预案简图

（1）通过分析枢纽运输的实施过程及特点，对问题进行抽象，重点研究建模及求解策略问题，旨在降低网络成本，提高网络效率，为弹性运输网络枢纽选址提供理论依据。

（2）通过研究特定枢纽失效情况下的运输网络性能，提出能兼顾网络平时成本和应急成本的选址策略，旨在提高网络应对失效冲击的弹性，为国防交通网络建设提供决策参考。

（3）设计基于蒙特卡罗（Monte Carlo）模拟的随机规划模型定量求解算法，为枢纽随机失效情况下弹性运输网络枢纽选址问题研究提供方法支持，将预设备用路线和应急路线调度策略体现在枢纽选址模型中，综合提高运输网络应对枢纽随机失效的能力，为弹性运输网络设计和应急运输预案制定提供辅助决策。

（4）从博弈论角度构建数学规划模型，对设计完成后的运输网络枢纽重要度进行分析，识别出网络关键枢纽，为在有限资源约束下制定枢纽保护策略或抢修策略提供依据。

1.3 相关研究进展

1.3.1 枢纽选址模型及算法

自 O'Kelly（1987）首次提出轴辐式网络枢纽选址问题以来，人们对轴辐式网络枢纽选址的问题研究越来越广泛。Alumur 等人对 2007 年以前的离散型选址问题进行了综述，包括单分配、多分配枢纽选址问题的模型，成本固定的枢纽选址问题模型，中心枢纽选址模型，覆盖选址问题模型以及折扣系数等，并依此对相关文献进行分类，还对一些主要文献的模型和算法进行了研究。Farahani 等人对选址问题进行了综述，包括选址模型、分类、解决问题的方法及其应用等。传统轴辐式网络节点之间同一方向只含一条边，其结构并不复杂，枢纽选址研究已相对成熟，最新的研究一般放松传统研究的假设，如假设枢纽网络为非全连接网络；或将其他因素引入模型，如考虑可变折扣系数、混合枢纽选址；或研究需求和成本不确定问题等。下面给出五类常见的枢纽选址问题的基本模型。

1. 单分配枢纽选址

单分配枢纽选址问题中每一个非枢纽节点只允许分配给一个枢纽节点，枢纽个数指定为 p，两个非枢纽节点最多只能通过一个枢纽节点连接。单分配枢纽选址问题的数学模型如下：

$$\min\left[\sum_i\sum_k C_{ik}Y_{ik}\left(\sum_j h_{ij}\right)+\sum_j\sum_m C_{jm}Y_{jm}\left(\sum_i h_{ij}\right)+\alpha\sum_i\sum_j\sum_k\sum_m h_{ij}C_{km}Y_{ik}Y_{jm}\right] \tag{1-1}$$

$$\text{s.t.}\quad \sum_j Y_{ij}=1\ \ \forall i \tag{1-2}$$

$$\sum_j Y_{jj}=p \tag{1-3}$$

$$Y_{ij}-Y_{jj}\leqslant 0\quad \forall i,j \tag{1-4}$$

$$Y_{ij}\in\{0,1\}\quad \forall i,j \tag{1-5}$$

式中：h_{ij}为节点i与节点j之间的流量（此处的下标仅为示意，式子中的下标与此不同时，依此类推，后同）；C_{ij}为非枢纽节点i到枢纽节点j的单位运输成本；α为枢纽节点间运输成本的折扣系数；Y_{ij}为二进制变量，如果非枢纽节点i分配给枢纽节点j，则Y_{ij}为1，否则为0。

式（1-1）表示网络总成本最小，式中第一部分表示当非枢纽节点i分配给枢纽节点j时，从i到j的网络连接成本；第二部分表示事前预设好的非枢纽节点j到枢纽节点m的网络运输连接成本；第三部分表示枢纽间的运输成本。式（1-2）表示节点j分配给自己且为枢纽节点，式（1-3）表示网络中有p个枢纽，式（1-4）表示节点j被选为枢纽时节点i才可能分配给节点j。

2. 多分配枢纽选址

与单分配枢纽选址问题不同，多分配枢纽选址问题中每个非枢纽节点可以和一个或多个枢纽节点相连。多分配枢纽选址问题的假设条件大部分都能在单分配枢纽选址问题中应用，除了分配变量Z_{ijkm}必须非负。C_{ijkm}为节点i到节点j的单位运输成本，且途经枢纽节点k和m（即$i\to k\to m\to j$）。

$$C_{ijkm}=C_{ik}+\alpha C_{km}+C_{mj} \tag{1-6}$$

多分配枢纽选址问题的数学模型如下：

$$\min \sum_{i}\sum_{j}\sum_{k}\sum_{m} C_{ijkm} h_{ij} Z_{ijkm} \tag{1-7}$$

$$\text{s.t.} \quad \sum_{k} X_k = p \tag{1-8}$$

$$\sum_{k}\sum_{m} Z_{ijkm} = 1 \quad \forall i, j \tag{1-9}$$

$$Z_{ijkm} \leqslant X_m \quad \forall i, j, k, m \tag{1-10}$$

$$Z_{ijkm} \leqslant X_k \quad \forall i, j, k, m \tag{1-11}$$

$$Z_{ijkm} \geqslant 0 \quad \forall i, j, k, m \tag{1-12}$$

$$X_k \in \{0,1\} \quad \forall k \tag{1-13}$$

式（1-7）表示网络运输总成本最小。式（1-8）表示网络中有 p 个枢纽。式（1-9）限制每个节点对（i,j）间只有一对枢纽对（k,m）相连。式（1-10）和式（1-11）确保源点 i 到目标节点 j 的流量只有在节点对（k,m）都被选为枢纽时才分配给枢纽 k 和枢纽 m。

3. 多目标枢纽选址

Costa 等人提出了多目标枢纽选址问题，研究中第一个目标是使总运输费用最小，第二个目标是使枢纽节点服务的最大时间最小化。模型中的评判准则为总数最小和最小 - 最大准则。研究中假设枢纽节点全连接，每个非枢纽节点只和一个枢纽节点相连。事先指定枢纽的个数，两个非枢纽节点最多允许通过两个枢纽节点相连。

多目标枢纽选址问题的数学模型如下：

$$\min \sum_{i}\sum_{j}\sum_{k}\sum_{m} h_{ij} Y_{ik} Y_{jm} \left(C_{ik} + \alpha C_{km} + C_{jm} \right) \tag{1-14}$$

$$\min \ \max_{k} \left\{ T_k \sum_{i}\sum_{j} h_{ij} Y_{ik} + \sum_{i}\sum_{j} h_{ji} Y_{jm} Y_{ik} \right\} \tag{1-15}$$

$$\text{s.t.} \quad \sum_{k} Y_{ik} = 1 \quad \forall i \tag{1-16}$$

$$\sum_k Y_{kk} = p \tag{1-17}$$

$$Y_{ik} - Y_{kk} \leqslant 0 \quad \forall i,k \tag{1-18}$$

$$Y_{ik} \in \{0,1\} \quad \forall i,k \tag{1-19}$$

式中：T_k为枢纽节点k处理单元流量需要的时间。

式（1-14）表示使整个枢纽网络的运输成本最小，式（1-15）表示使枢纽节点k服务的最大时间最小化，式（1-16）表示每个非枢纽节点只能分配给一个枢纽节点，式（1-17）表示网络中有p个枢纽节点，式（1-18）表示只有节点被选为枢纽节点后才允许非枢纽节点与其相连。

目前，对多目标枢纽选址问题的研究较少，现有文献中目标函数主要是效益最大、成本最少、时间最短或距离最短，而考虑更多的冲突目标才能更有效地解决现实世界中的问题。

4. *p* 中心枢纽选址

p中心枢纽选址问题是指选定p个设施的位置，使最坏的情况最优。这是一种保守的方法，通常在军队、医院、紧急情况和有标准承诺的服务行业中使用。p中心枢纽选址问题除评判准则为最小 - 最大准则外，其他和p中值问题相似。

p中心枢纽选址问题的数学模型如下：

$$\min \max_{i,j,k,m} \left\{ C_{ijkm} h_{ij} Z_{ijkm} \right\} \tag{1-20}$$

$$\text{s.t.} \quad \sum_k X_k = p \tag{1-21}$$

$$\sum_k \sum_m Z_{ijkm} = 1 \quad \forall i,j \tag{1-22}$$

$$Z_{ijkm} \leqslant X_k \quad \forall\, i,j,k,m \tag{1-23}$$

$$Z_{ijkm} \leqslant X_m \quad \forall\, i,j,k,m \tag{1-24}$$

$$Z_{ijkm} \geqslant 0 \quad \forall\, i,j,k,m \tag{1-25}$$

$$X_k \in \{0,1\} \quad \forall k \tag{1-26}$$

式（1-20）表示使从源点到目标节点的最大运输成本最小化。式（1-21）至式（1-26）的意义与多分配枢纽选址问题的数学模型相同。

5. 覆盖枢纽选址

覆盖枢纽选址指对于需求已知的一些非枢纽节点（源点和终点节点对），确定一组枢纽来满足这些需求点的需求。覆盖枢纽选址问题可分为集合覆盖枢纽选址问题（Set Covering Hub Location Problem，SCHLP）和最大覆盖枢纽选址问题（Maximal Covering Hub Location Problem，MCHLP）。集合覆盖枢纽选址是用最少的枢纽费用去覆盖所有需求点；最大覆盖枢纽选址是在给定枢纽数量的情况下，覆盖尽可能多的需求点。记 F_k 为在节点 k 建立枢纽的成本，C_{ijkm} 为从源点 i 经过枢纽节点 k 和 m 到目标节点 j 的运输成本，V_{ij} 为覆盖节点 i 和 j 的所有连接的最大费用，如果选择的枢纽对（k，m）能够覆盖需求节点对（i，j），则 V_{ijkm} 为 1，否则为 0。

集合覆盖枢纽选址问题中，枢纽的个数是未知的，其数学模型如下：

$$\min \sum_k F_k X_k \tag{1-27}$$

$$\text{s.t.} \quad \sum_k \sum_m V_{ijkm} Z_{ijkm} \geqslant 1 \quad \forall i,j \tag{1-28}$$

$$Z_{ijkm} \leqslant X_k \quad \forall\, i,j,k,m \tag{1-29}$$

$$Z_{ijkm} \leqslant X_m \quad \forall\, i,j,k,m \tag{1-30}$$

$$Z_{ijkm} \geqslant 0 \quad \forall\, i,j,k,m \tag{1-31}$$

$$X_k \in \{0,1\} \quad \forall k \tag{1-32}$$

式（1-27）表示开设新的枢纽设施成本最低，式（1-28）表示每个需求节点对至少被枢纽对覆盖一次。

最大覆盖枢纽选址问题的数学模型如下：

$$\max \sum_{i}\sum_{j}\sum_{k}\sum_{m} h_{ij} V_{ijkm} Z_{ijkm} \tag{1-33}$$

$$\text{s.t.} \quad \sum_{k} X_{k} = p \tag{1-34}$$

$$\sum_{k}\sum_{m} Z_{ijkm} = 1 \quad \forall i, j \tag{1-35}$$

$$Z_{ijkm} \leqslant X_{k} \quad \forall\, i, j, k, m \tag{1-36}$$

$$Z_{ijkm} \leqslant X_{m} \quad \forall\, i, j, k, m \tag{1-37}$$

$$Z_{ijkm} \geqslant 0 \quad \forall\, i, j, k, m \tag{1-38}$$

$$X_{k} \in \{0,1\} \quad \forall k \tag{1-39}$$

式（1-33）表示覆盖的运输需求点数量最大，式（1-34）至式（1-39）的意义与多分配枢纽选址问题的数学模型相同。最大覆盖枢纽选址问题中未考虑建立枢纽设施的固定成本。

离散型枢纽选址属于组合优化问题，求解的计算量随着节点和变量的增多快速增加。对于多分配枢纽选址问题，模型求解属于NP-完全问题；对于单分配枢纽选址问题，模型求解属于NP-难问题。现有研究中枢纽选址的求解算法通常分为两类：一种是精确算法，另一种是启发式算法。精确算法包括整数线性规划算法、混合整数规划算法、Benders分解算法、随机规划算法、线性规划算法、分支定界法等。精确算法可以解决小型枢纽选址问题，大型枢纽选址问题还需要靠启发式算法或元启发式算法解决，包括模拟退火算法、遗传算法、禁忌搜索算法、蚁群算法、粒子群算法等。这些算法针对不同的问题分别具有各自不同的优点和缺点，如遗传算法具有隐式并行性和全局搜索性等优点，但存在编码复杂、收敛性能差等缺点；蚁群算法具有很高的并行性且具有启发式特点，但容易出现早熟现象；禁忌搜索算法能模拟人类的思考过程，可利用短期和长期禁忌表，避免迂回搜索并能跳出局部最优。在实际应用中，往往采用将若干智能算法组合起来，或借鉴精确求解中降低模型难度或计算量的技术来提高算法的效率，如将禁忌搜索算法和贪婪算法相结合、基于分支定界的模拟退火算法等。

离散型枢纽选址问题同时包含选址和分配两个子问题，其中枢纽选址问题属于组合优化问题，禁忌搜索算法对解决此类问题非常有效，在已有文献中被选为主要技术手段求解模型；分配问题属于路线规划问题，采用特定 Floyd 最短路算法可以快速对该子问题求解。因此，未来研究可以考虑采用基于最短路和禁忌搜索算法的启发式算法处理多式联运枢纽选址的模型求解问题。

1.3.2 多式联运网络枢纽选址

多式联运网络枢纽选址的研究内容可以分为三个层次：以枢纽选址为代表的战略规划问题、以运输方式选择和路径优化为代表的战术规划问题与以资源管理和路线再规划为代表的运作规划问题。目前，国外关于多式联运网络优化问题的研究主要是围绕枢纽选址问题展开的。轴辐式多式联运网络枢纽选址建模的基本思路：首先将已知数量的枢纽布置在可选的枢纽候选节点上；然后将网络中的非枢纽节点分配给前面确定的各枢纽节点，确定非枢纽节点到枢纽节点的路线；最后将两者结合实现网络服务总成本最小化或网络覆盖范围最大化的目标。多式联运网络枢纽选址考虑的因素一般涉及网络出发地和目的地、潜在的枢纽候选节点、连接这些节点的网络连接，以及网络流量、节点间距离、单位服务成本、路径模式等模型参数。

多式联运网络枢纽选址考虑分配关系时主要研究单分配和多分配问题，Yaman 提出两种新的分配方式：r 分配和 H 分配（层级分配）方式。r 分配指非枢纽节点最多可以与 r 个枢纽相连。H 分配指枢纽互连的双层网络，这种网络中非枢纽节点首先与第一层的枢纽连接，第一层的枢纽再与上一层更大的枢纽相连。以上两种新的分配方式能增大网络节点间的连接度，可以为网络冗余设计提供借鉴。在所采用的模型和方法方面，Alumur 和 Ishfaq 等人采用扩展节点方法研究了带时间约束的多式联运网络枢纽选址建模求解问题。Martins 等人对含有多条线的联运网络模型的精确求解和启发式求解算法进行了研究。Mahmutogullari 等人提出了一种双寡头垄断市场下带有竞争性质的多式联运网络枢纽选址博弈模型。Teye 等人借鉴熵最大化思想对城市联运问题进行了数学建模。更多关于多式联运的研究文献可见 Steadieseifi 和 Ertem 等人的综述文章。

国内，李丽等人对第四方物流中多式联运下的路径最短时间模型进行了改进，给出了多式联运下基于满意时间路径的运输费用模型和求解模型的 K 最短路径的改进遗传算法。刘维林考虑到在节点处不同方式、不同路线之间的转换费用各不相同，将国际多式联运网络看作由多种运输方式组合交叉所共同构建的复杂网络结构，在模型设计的基础上，通过动态蚁群算法进行寻优。熊桂武等人建立了基于图状结构的带时间窗的多式联运及多代理人作业整合优化模型，然后提出了代理商选择和路径及运输方式协同优化的两层优化算法。康凯等人则假设节点之间的运输方式存在多条路径，对建立的数学模型采用主从两级算法进行求解。杨英杰等人在研究战时交通运输路径优化问题时考虑多式联运，以运输时间代价、运输费用代价、路段和运输节点的危险性代价为优化目标，建立起广义运输代价最小的运输路径优化模型，采用蚁群算法求解问题模型。

上述国内外关于多式联运网络枢纽选址的研究一般只关注一定约束下枢纽的选址对网络的成本或效率的影响，均未考虑枢纽失效的情况。目前，关于运输网络中断后通过枢纽选址来提高运输网络效能的文献不多，现有研究主要集中在供应链和配送网络领域。Snyder 和 Daskin 最早研究了处理供应链网络设施中断的可靠性枢纽选址问题，提出了一个基于层级分配的费用固定的隐式随机 p 中值模型，候选解受等概率随机失效的设施支配，模型中每个顾客都被指定一个供应商和几个备用供应商，这些供应商里至少有一个是可靠的。Cui 等人放宽了 Snyder 等人关于概率相等的限制，考虑设施随机失效的情况，建立了紧凑的混合整数规划模型和一个连续的近似模型，用以研究可靠的无容量约束的费用固定的选址模型，以期实现平时成本和中断后网络成本的均衡，并对混合整数规划模型采用拉格朗日松弛算法进行求解。与上述研究不同，Li 等人假设设施之间不是独立的，而是有联系的，即一个设施失效会影响其他设施的功能，进而建立了连续近似模型，目标是使正常情况下和中断后网络总成本最低。Li 和 Shen 等人假设供应商和零售商都可能随机被中断，模型的目标函数寻求零售商的最佳选址、顾客的最佳分配方案和最优库存策略。Peng 等人为了使正常情况下和中断后的网络都能处于比较良好的状态，提出了 p 冗余原则，建立了混合整数规划模型，并用一种混合元启发式算法进行求解。Li 和 Zeng 等人研究了配送网络的中断问题，提出了两个模型，即可靠的 p 中值问题模型和无容量约束的费用固定选址模型，考虑备用供应商，并通过拉格朗日松弛算法进行求解。供应链和配送网络领域关于设施失效的研究思路可以为研究多式联运网络枢纽失效提供借鉴。

1.3.3 运输网络弹性测度

建立运输网络弹性指标，并进行有效测量是运输网络弹性研究的基础。Ip 和 Wang 用某节点与网络中其他独立节点的可靠连接路径平均数来衡量该节点的弹性，整个运输网络的弹性则用所有节点弹性的加权平均值来计算。Zhao 等人用节点中断后的网络连通性、网络可达性等指标分析运输供应网络的弹性。Kim 用某一失效情形下交通流损失的最好最坏包络线量度网络弹性。Omer 等人采用容量弹性、时间弹性、成本弹性评估海运系统的弹性指标，将中断事件发生前后运输网络输送量的比值作为网络弹性的测度指标。Janić 用延误时间衡量机场的弹性，将航空网络弹性定义为所有机场节点的弹性加权平均值。Miller-Hooks 等人则将运输网络弹性定义为在固定预算前提下，灾后网络所能满足的最大需求与灾前总需求的比值，计算公式如下：

$$\alpha = E\left(\sum_{\omega\in W} d_{\omega} / \sum_{\omega\in W} D_{\omega}\right) = \frac{1}{\sum_{\omega\in W} D_{\omega}} E\left(\sum_{\omega\in W} d_{\omega}\right) \tag{1-40}$$

上述文献只是从网络自身性能的某一方面对一般运输网络进行了弹性评价研究。与传统运输网络弹性测度只关注系统运量变化或网络连通度不同，毕海玲等人从运量弹性、时间弹性和费用弹性三个维度给出了联合投送运输网络弹性的测度方法。记在某中断事件发生前最优投送运输方案下的运量、时间及成本分别为 Q_{before}、T_{before}、C_{before}，记针对中断事件采取应急调度策略和恢复措施后最优联合投送运输方案下的运量、时间及成本分别为 Q_{after}、T_{after}、C_{after}，则针对该中断事件运输网络完成特定投送任务的网络弹性 R 可用下式计算：

$$R = \omega_1 \frac{E(Q_{\text{before}})}{Q_{\text{after}}} + \omega_2 \frac{E(T_{\text{before}})}{T_{\text{after}}} + \omega_3 \frac{E(C_{\text{before}})}{C_{\text{after}}} \tag{1-41}$$

$$\omega_1 + \omega_2 + \omega_3 = 1 \tag{1-42}$$

式中：$E(\cdot)$ 为数学期望，这是由于运输网络遇到的中断事件和采取的应急调度策略及恢复措施不确定，Q_{after}、T_{after} 和 C_{after} 均为随机变量；ω_1、ω_2 和 ω_3 为权重系数，反映了决策者对联合投送任务完成的运量、时间及成本的重视程度，如 $\omega_1 = 0.6$，$\omega_2 = 0.3$，$\omega_3 = 0.1$ 表示决策者优先关注人员及物资能否顺利抵达投送点，其次关注投送时间的限制，最后考虑投送成本的变化。

该方法从运量、时间及成本三个维度衡量运输网络应对各种中断事件的能力，并能通过权重系数的调整反映决策者的偏好。事实上，由于成本和时间均与距离成反比，故成本和时间具有一定程度的相关性，而且运量损失也可以用惩罚成本量度，因此网络弹性的测度也可以统一用成本来衡量。

1.3.4 运输网络弹性策略

运输网络弹性策略是指为了使系统在受到冲击后尽快恢复到受冲击前水平，用户或组织者在运输系统中采取的提高系统弹性的措施。运输网络的弹性既取决于运输网络系统自身降低中断事件冲击并恢复正常状态的能力，又取决于一系列弹性管理措施的实施效果，通过中断前的预防和中断后的调整能使系统快速恢复。因此，运输网络弹性策略隐含着两层含义：一是降低运输网络自身的脆弱性，设计具有良好弹性的运输网络，使其具备抵抗中断冲击的能力；二是增强运输网络的适应性，如采取应急管理调整措施等。

下面从灾难生命周期的角度分析弹性策略。灾难生命周期一般分为四个阶段，即预防（Mitigation）期、准备（Preparedness）期、反应（Response）期和恢复（Recovery）期，四个阶段采取的弹性策略中，前两个阶段的策略有利于降低网络自身的脆弱性，后两个阶段的策略有利于增强网络的适应性，如图1-6所示。在灾难生命周期的整个过程中，学者们通过各种管理方法，建立各种优化模型研究弹性策略，以提高整个运输系统的弹性。

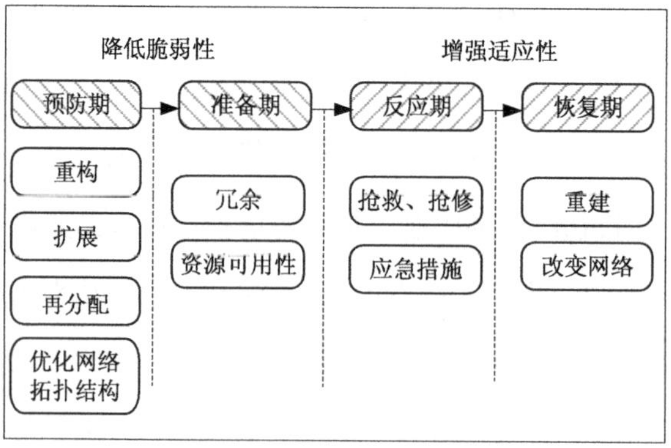

图 1-6　基于灾难生命周期的运输网络弹性策略

预防期行为的目的是降低灾难出现的可能性或者减小灾难带来的影响。就交通运输系统而言，预防期的策略通常分为以下几种。①重构（Retrofit），指重新改变系统结构，是为了加强系统要素或者减小灾后可能影响而采取的灾前行为。于瑛英构造了一个基于时间、资源供给和需求的损失函数，用于评估给定资源布局下可能出现的各个级别突发事件对地区造成的损失。对损失值较大的资源布局建立优化模型进行调整，优化模型考虑到了增加或者减少应急服务点的个数以及增加应急服务点的资源量。②扩展（Expansion），通过增加连通度和容量来提高系统绩效，通过减少损失而降低灾难影响，如增加路网容量。③再分配（Relocation），改变路线或终端用户的连接方式。④优化网络拓扑结构，运输网络拓扑结构是影响其弹性的重要因素，由于一般的运输网络属于无标度网络，这种网络的弹性对随机失效不敏感，而对重要节点或边的选择性攻击会造成网络弹性的急剧下降。研究表明，四种网络的弹性从大到小依次是完全网络、Hub 网络、网格网络、随机网络。

准备期策略指能够使系统在灾后更迅速、更有效地反应的一系列行为。①冗余，即备份系统部分功能，在中断发生后对于弥补系统损失性能具有很重要的作用，如备用设施或路线、冗余运输能力和路网容量等。Ip 和 Wang 利用冗余资源、分散供应商和可达的货运量来衡量节点的弹性，而网络的整体弹性则以所有节点的弹性的加权平均和来计算，在此基础上，给出了一个航运网络的网络连接、配送中心或仓库的分配优化模型。②资源可用性（Resource Availability），指为了支持灾后响应而事先采取的灾前行为，包括资源预置（如洪水中用的水泵、灭火器和为了处理冰雪撒的盐等）、制定相关应急预案与建立协调机制等。采取此类行为对于灾前系统的效能没有意义，但是一旦灾难发生，则能缩短响应的时间并降低成本。

反应期策略指为了恢复系统部分损失性能而采取的短期恢复行为，包括抢救、抢修以及应急措施等。抢救、抢修措施包括为了增加网络的连通度和运输能力而对损坏部位进行的修复行为，如损毁路面的修理、障碍物的移除、道路救援时渡板的铺设、车道反向等；应急措施包括重新选择运输路径或运输方式、分散运输、节点重连等。Vugrin 基于弹性的概念，采用确定性优化方法建立了一个双层模型，底层模型用于求解网络流量，上层模型用于优化方案，以确定交通网络在遭到破坏时恢复措施的最佳恢复模式和序列。Losada 等人基于博弈论思想，建立了无容量限制的双层混合整数线性规划模型，以便受到可能的冲击后能更精确地加快设备恢复。

恢复期策略是反应期行为的继续但又超越反应期，其行为一直持续到系统的生命终结。这个阶段可能持续几个月甚至几年，所以需要长期的规划。系统中断的时候，恢复策略集中反映了亟待恢复的服务的需求，构建临时或永久的应急设施，通过采取应急策略使基础设施能够运行。具体内容包括：①重建（Rebuilding），例如建筑物的加固；②改变网络，例如道路和桥梁的重新选址，增加新的建筑目标，用更具有弹性特征的建筑物代替，改变网络设计标准等。

在研究方法方面，Konak 等人研究了弹性网络结构设计问题，采用蒙特卡罗方法对某一时刻网络所有节点和路径的状态进行模拟，将一定节点和路径可靠性水平下的交通流期望运量作为网络弹性测度指标，采用随机混合遗传算法对过程进行寻优。Losada 等人研究了无容量约束的中值设施选址问题，为了使设施被中断后系统损失最小，提出了考虑系统恢复时间的双层整数线性规划保护模型，并采用三种不同的分解算法进行求解，得到的策略能使系统既迅速又高效地恢复其效能。Church 等人研究了供应链系统中 p 个设施有 r 个被蓄意破坏的情况，设计了两个简单模型：r- 中断中值选址模型和 r- 中断覆盖选址模型。第一个模型的目标函数为设施中断后被影响的加权距离最大，通过枚举算法求解；第二个模型的目标函数为需求总量达到最大，通过 AMPL 和 CPLEX 求解，最后所得结果能识别出网络中的关键设施。Chen 和 Miller-Hooks 提出了多式联运网络弹性的概念以及测量方法，在成本固定的约束前提下，建立了一个随机混合整数规划模型，通过 Benders 分解算法、卷积和蒙特卡罗仿真进行求解，确定中断发生后采取的恢复行为的影响。Miller-Hooks 考虑运输网络经费和服务水平的限制，建立了两阶段随机规划模型，使系统弹性最大，并确定了包含事前准备和事后恢复行为的一个最优分配方案。Vugrin 等人研究了关键基础设施的弹性问题，通过建立双层优化模型确定最优的恢复策略，并且使系统弹性达到最大。Faturechi 和 Miller-Hooks 在文献中分析了处理能力、事前准备、冗余、适应性、恢复策略以及弹性的相互关系，建立了能使这几个值都最优的量化数学模型，目的是确定在资源有限的前提下实现事前准备和事后恢复行为的最优分配方案。

1.3.5 相关研究评述

传统枢纽选址问题的研究大多只针对单一运输网络建立总成本最小规划模型，而现实中存在多种运输方式，这就使问题变得复杂。现有多式联运的研究一般只关注在一定约束下枢纽选址或联运方式选择对网络成本或效率的影响，均未考虑枢纽失效的情况。枢纽选址模型属于整数规划模型，求解的计算量随着节点和变量的增多快速增加，故模型求解算法是研究的一项重点内容。小型枢纽选址问题主要采用精确算法，采用的主要技术有 Benders 分解算法、拉格朗日松弛算法、分支定界法等；大型枢纽选址问题主要采用启发式算法求解，如模拟退火算法、遗传算法、禁忌搜索算法、蚁群算法、粒子群算法等常见的主流启发式算法均有应用，其中以禁忌搜索为框架设计求解算法的做法最普遍。

网络弹性的研究主要集中在供应链网络领域，但运输网络的弹性问题已引起越来越多的学者关注。现有研究一般采用节点连接度、网络连通度或运量的变化来量度网络的弹性，这些指标不能从任务完成的角度反映网络效能。当前运输网络弹性的研究主要是依据弹性的测度来讨论如何采取弹性管理策略提高网络的弹性，定量的研究还未深入，且主要局限在网络拓扑结构选择、网络弹性评价等方面。在考虑节点失效或路径中断影响时，现有研究一般将网络中的节点和路径视为同质的，而轴辐式网络中枢纽的作用和重要性更为突出，枢纽失效对运输任务的冲击最大，考虑网络弹性影响因素时应重点关注枢纽失效问题。

在处理枢纽随机失效问题时，现有研究往往将其作为网络可靠性问题来研究，不能直观地定量描述枢纽失效对网络性能的影响；在数学建模和求解时，通常采取期望均值的方法将随机规划问题转换为一般规划问题，但这种方法只适用于所有随机变量概率分布已知且仅有一个枢纽失效的情况。而由于国际、国内的复杂形势，网络枢纽面对的潜在威胁和不确定因素较多，且存在不同的失效模式，在不同失效情形下的弹性网络枢纽建模与求解等技术难题需要重点研究。

综上所述，运输网络为复杂网络，具有网络结构复杂、运输方式多样、不确定因素多等特点。将运输网络的弹性作为重要因素在枢纽选址策略中予以考虑，可以扩展枢纽选址的研究范围；从弹性角度研究不同枢纽失效情形下的运输网络枢纽选址问题，可以为运输网络设计提供新的视角。

1.4 研究技术路线

弹性运输网络枢纽选址策略研究的主要思路和关键技术路线如图 1-7 所示。首先，通过对弹性的相关概念及研究与应用发展情况进行分析，提出研究需求；其次，将运输网络抽象为轴辐式网络，对轴辐式网络枢纽选址研究中常见的假设、建模思路和求解算法进行梳理；再次，对网络弹性相关研究进展进行综述，总结归纳弹性定义、弹性测度、影响因素、弹性设计与管理策略等内容；最后，对以上三方面的研究内容、研究方法、存在的问题等进行总结、归纳、提炼，提出考虑网络弹性的运输网络枢纽选址问题。

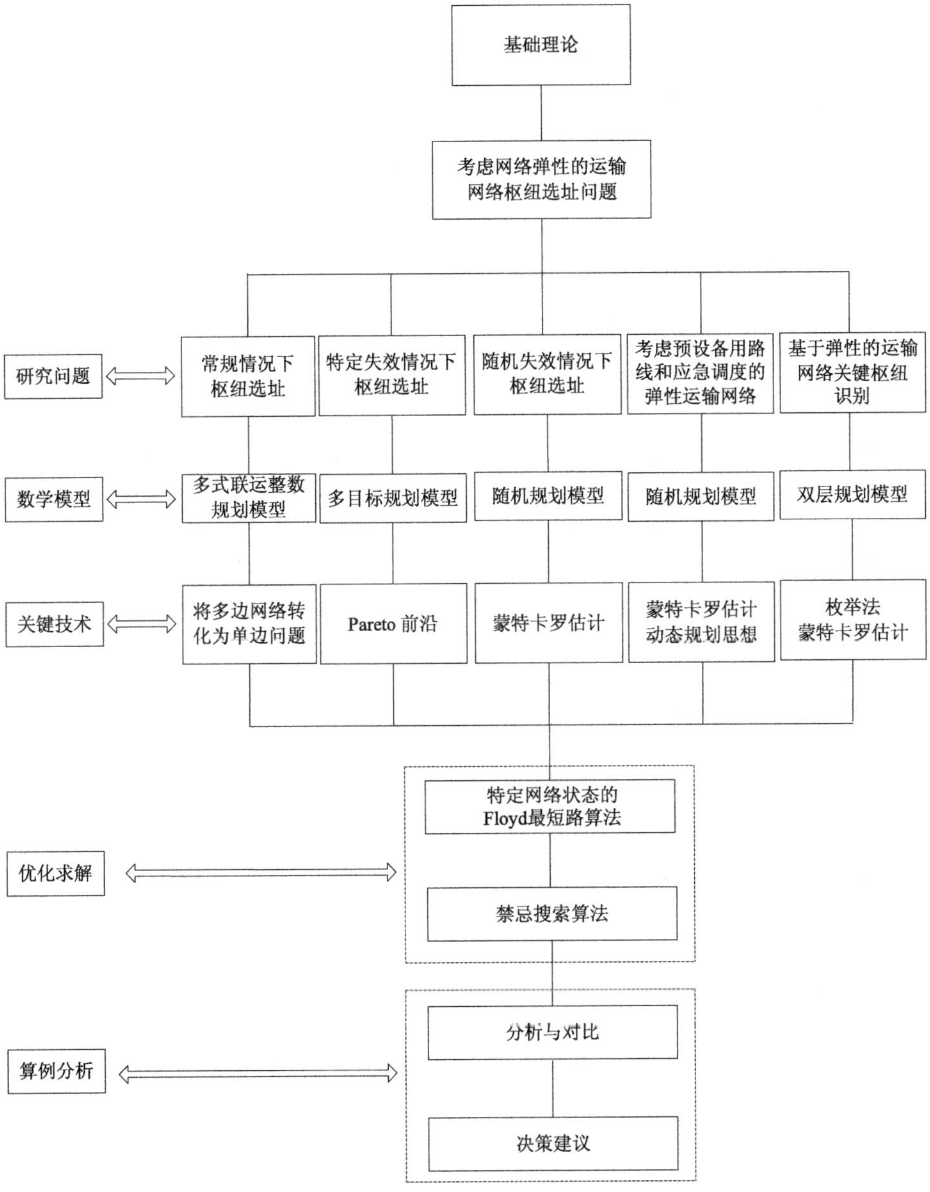

图 1-7　研究技术路线

在研究运输网络常规枢纽选址问题时，本书将运输网络采用多种方式运输的过程抽象为轴辐式网络结构下的多式联运问题，以总成本为目标函数、时间为约束综合考虑网络成本与效率，针对模型参数变量多、组合优化难以定量求解的特点，将问题分解为枢纽选址和交通流分配两个子问题，其中枢纽选址问题采用禁忌搜索算法，而对于交通流分配问题，通过对枢纽对间联运网络的简化，采用特定弗洛伊德（Floyd）最短路算法整体求解（简称 Floyd 最短路算法或最短路算法），使整个算法计算量大大减小。

在研究特定枢纽失效情况下的运输网络枢纽选址问题时，本书首先基于运输成本给出运输网络弹性的定义，分析影响弹性的因素，同时将平时网络运输总成本和特定枢纽失效时网络运输总成本作为目标函数，建立多目标规划模型；然后设计一种多目标禁忌搜索算法，在搜索过程中以多项式概率随机选择一个目标函数作为解的评价函数，在寻优过程中将多目标问题巧妙地转化为单目标问题，通过分析帕累托（Pareto）前沿曲线来解决平战兼顾的权衡问题。

在研究多个枢纽随机失效情况下的运输网络枢纽选址问题时，由于模型中含有未知随机变量，采用常规规划方法无法求解。因此，本书通过大量蒙特卡罗试验将随机问题转换为确定性问题，然后依据大数定律对模型变量进行估计。针对蒙特卡罗方法计算量巨大的问题，本书采用特定 Floyd 最短路算法减少寻优过程中的计算量。

在研究考虑预设备用路线和应急调度的弹性运输网络设计策略时，本书基于动态规划（Dynamic Programming，DP）思想构建禁忌搜索过程中的可行解，基本步骤为给定一组枢纽集，先优化主路线，再优化备用路线，最后优化应急调度路线。

在研究基于弹性的运输网络关键枢纽识别问题时，对特定枢纽失效网络，主要借鉴博弈论思想，从博弈双方的角度思考问题，对手从极大化我方运输网络成本选择枢纽进行破坏，我方在枢纽失效后按总成本最小规划路线，建立双层整数规划模型，基于枚举法和特定 Floyd 最短路算法求解；对随机枢纽失效网络则从极大 - 极小化网络总成本的角度建立双层混合随机规划模型，基于枚举法和蒙特卡罗估计求解。

第2章　常规运输网络枢纽选址问题数学建模及求解

在常规情况下，枢纽作为重要交通设施，其可靠性一般要高于普通交通运输节点，失效概率很低。在不考虑枢纽失效情况下，运输网络枢纽选择和运输路线方式选择主要依据成本和效率。运输网络属于轴辐式网络，现有轴辐式网络枢纽选址问题的研究大多只针对单一运输网络建立总成本最小规划模型，而运输网络中存在多种运输方式，这就使问题变得复杂。现有多式联运研究多集中在联运路线的选择方面，对多式联运枢纽选址问题的研究较少，且一般只考虑优化网络成本。多式联运中节点之间存在多种运输方式，节点之间同一方向含有多重边，使多式联运枢纽选址问题变得更为复杂。Ishfaq 等人采用扩展节点的方法，将公铁联运运输网络节点扩充一倍，从而使含有多重边的复杂网络变成简单网络，但该研究假设一个节点只能建设公路枢纽和铁路枢纽中的一种，在现实中不尽合理。其他关于多式联运枢纽选址的研究中，一般思路是直接建立 0-1 整数规划模型，采用启发式算法求解，然而选址问题实质上包含枢纽选址和路线分配两个子问题，现有研究在求解路线分配子问题时一般将其转化为无容量约束的指派问题，该问题仍属于 NP-hard 问题，由于算法在搜索过程中需要反复多次求解子问题，运算量很大，故算法效率不高。

本章将常规运输网络枢纽选址问题抽象为带时间约束的多式联运轴辐式网络枢纽选址问题，建立无容量约束的多分配 0-1 整数规划模型；针对模型参数变量多、组合优化难以定量求解的特点，将问题分解为枢纽选址和交通流分配两个子问题，其中网络选址问题采用禁忌搜索算法，而对于交通流分配问题，通过节点间的路权比较以及是否满足时间约束将多边网络简化为单边网络，采用有限迭代的最短路算法整体求解，使整个算法的计算量大大减少；最后通过仿真算例验证算法的有效性，相关的研究思路和结论可为后续研究奠定基础。

2.1　问题描述及假设

在交通运输中，采用多种运输方式对人员和物资进行输送，其过程属于多式联运。在实施过程中，一般首先将人员和物资通过公路运输到交通枢纽处集结，然后利用交通干线通过多种运输方式将其集中运输到离任务点最近的交通枢纽，最后根据需求将人员和物资分散运输到各个指定地域。从这一点来看，运输网络的枢纽选址问题可以抽象为多式联运网络枢纽选址与分配来研究。在对该问题进行数学建模时基于以下假设。

（1）运输网络为轴辐式网络，集结点和配置点可以看成轴辐式网络中的枢纽。

（2）运输存在公路、铁路两种方式，但铁路运输只发生在干线（Hub Links）运输中。

（3）枢纽网络为完全网络。

（4）在枢纽间采用干线运输时，由于规模效应和干线效应，其运输成本和运输时间都存在一个折扣系数。

（5）在运输任务完成后，人员和物资将回到原驻地，因此任意起讫点（OD 对）间的交通流需求是对称的。

（6）一个非枢纽节点可以与多个枢纽节点相连，非枢纽节点间不能直接相连。

（7）任意起讫点间的人员和物资运输最多经过两个枢纽进行转运，枢纽和干线运输无容量限制。

（8）将一个节点建成枢纽并进行运作管理需要成本，公铁联运枢纽的固定成本高于公路枢纽；枢纽节点处转运需要成本和时间，且公铁转运的成本和时间大于公路转运的成本和时间。

2.2　模型参数及变量

1. 模型参数

本章用到的模型参数如下。

$N=\{1,2,\cdots,n\}$ 是所有节点的集合。

p 是枢纽个数。

$S=\{1,2\}$ 是运输方式的集合，其中 $s=1$ 表示公路运输，$s=2$ 表示铁路运输。

w_{ij} 是起讫点间的流量，有 $w_{ij}=w_{ji}$，且 $w_{ii}=0$，$i\in N$，$j\in N$。

F_k 是枢纽 k 的开设及运营成本。

c_{ij}^s 是节点 i 到节点 j 采用 s 方式运输时的单位成本，$c_{ii}^s=0$。

$\hat{c}_{km}^s$ 是通过枢纽对采用 s 方式转运时的单位转换及运营成本，$\hat{c}_{km}^2>\hat{c}_{km}^1$，$\hat{c}_{kk}^s=0$。

$C_{ijkm}^s=c_{ik}^1+\hat{c}_{km}^s+\alpha^s c_{km}^s+c_{mj}^1$ 是节点 i 到节点 j 通过枢纽对（k,m）采用 s 方式运输时的单位成本。

t_{ij}^s 是节点 i 到节点 j 采用 s 方式运输时的运输时间。

T_{ij} 是起讫点间的运输时限要求，$i\in N$，$j\in N$。

$\hat{t}_{km}^s$ 是通过枢纽对（k,m）采用 s 方式转运时的转运时间，有 $\hat{t}_{km}^2>\hat{t}_{km}^1$，$\hat{t}_{kk}^1=0$。

α^s 是当枢纽间采用 s 方式进行干线运输时的成本折扣系数，有 $0<\alpha^2<\alpha^1<1$。

β^s 是当枢纽间采用 s 方式进行干线运输时的时间折扣系数，有 $0<\beta^1<\beta^2<1$。

2. 决策变量

本章用到的决策变量如下。

$$y_k=\begin{cases}1, & \text{若节点}k\text{被建为枢纽}\\ 0, & \text{其他}\end{cases}$$

$$X_{ijkm}^S=\begin{cases}1, & \text{节点}i\text{到节点}j\text{通过枢纽对}(k,m)\text{采用}s\text{方式运输}\\ 0, & \text{其他}\end{cases}$$

2.3　带时间约束的多式联运整数规划模型

基于以上假设和模型参数设置，建立总成本最小且带运输时间约束的运输网络枢纽选址模型：

$$\min \sum_{i\in N}\sum_{j\in N}\sum_{k\in N}\sum_{m\in N}\sum_{s\in S} w_{ij}X_{ijkm}^s C_{ijkm}^s+\sum_{k\in N}F_k y_k \tag{2-1}$$

$$\text{s.t.}\quad \sum_{k\in N} y_k=p \tag{2-2}$$

$$\sum_{k\in N}\sum_{m\in N}\sum_{s\in S} X_{ijkm}^s=1\quad \forall i,j\in N \tag{2-3}$$

$$X_{ijkm}^s\leqslant y_k\quad \forall i,j,k,m\in N,\ s\in S \tag{2-4}$$

$$X_{ijkm}^s\leqslant y_m\quad \forall i,j,k,m\in N,\ s\in S \tag{2-5}$$

$$\sum_{k\in N}\sum_{m\in N}\sum_{s\in S} X_{ijkm}^s(t_{ik}^1+\hat{t}_{km}^s+\beta^s t_{km}^s+t_{mj}^1)\leqslant T_{ij}\quad \forall i,j\in N \tag{2-6}$$

$$y_k,X_{ijkm}^s\in\{0,1\}\quad \forall i,j,k,m\in N,\ s\in S \tag{2-7}$$

式（2-1）为模型的目标函数，其中第一项为基于枢纽联运的运输成本，第二项为开设枢纽的固定成本。式（2-2）为枢纽个数约束，共建设 p 个枢纽。式（2-3）为运输模式约束，对于任一对起讫点，只能通过一对（或一个）枢组，并且在枢纽对间选择公路和铁路中的一种进行运输。式（2-4）和式（2-5）表示只有建设枢纽，才会有基于该枢纽运输的路线选择。

式(2-6)为节点 i 到节点 j 通过枢纽对 (k,m) 运输，在枢纽对间采用 s 方式转运时的运输时间约束。其中，t_{ik}^{1} 为节点 i 到枢纽 k 采用公路运输的时间，t_{km}^{s} 为枢纽间的干线运输时间，$\hat{t}_{km}^{s}$ 为在枢纽节点的运输模式转换时间，t_{mj}^{1} 为从枢纽 m 到目的地 j 采用公路运输的时间。需要指出的是，对于 X_{ijkm}^{s}，当 $k=m$ 时，表示起讫点间只经过一个枢纽，人员和物资不经过转运，均采用公路运输，此时有 $\hat{t}_{km}^{s}=0$，$t_{km}^{s}=0$；当 $i=k$ 时，表示起点在一个枢纽，然后经过另一个枢纽节点 m 到非枢纽节点 j，此时有 $t_{ik}^{1}=0$；当 $i=k, j=m$ 时，表示起点和终点恰好均是枢纽，依此类推。式（2-7）为 0-1 整数约束。

2.4 基于特定最短路的禁忌搜索算法

p-Hub 中值问题已经被证明为 NP-hard 问题，本书在传统 *p*-Hub 中值问题基础上又考虑了多式联运和时间约束的情况，问题变得更加复杂。分支定界、Benders 分解等定量求解方法以及 LINGO、CPLEX 等常用规划软件只能处理小规模的问题，而本书中的规划模型有大量的变量和限制条件，随着网络节点数量的增加，模型的变量以节点数量的幂次方的速度增加，上述方法将难以为继。因此，对于大规模组合优化问题，普遍采用启发式算法求解。常见的启发式算法有遗传算法、模拟退火算法、禁忌搜索算法、蚁群算法等，其中禁忌搜索算法是求解 *p*-Hub 中值问题最常用也是非常有效的方法，它利用禁忌表来记录到达搜索空间中最优点或者局部最优点的过程，并在下一次搜索中利用禁忌表中的禁忌信息不再或有选择地搜索这些点，以此来跳出局部最优的限制。同时，该算法在禁忌信息的同时也引入特赦准则来释放被禁忌的优良状态，从而保证算法的有效性和多样性。另外，与其他启发式算法相比，禁忌搜索算法的

求解精度较高。因此，本节在分析模型求解思路的基础上，基于禁忌搜索算法对 2.3 节提出的模型进行求解。

2.4.1　模型求解思路

模型求解的主要工作：首先选择合理的枢纽节点，然后确定非枢纽节点与枢纽节点之间的连接方式以及起讫点间的运输路线与运输方式。其中，选址问题是主问题，分配问题是子问题。对主问题的求解，首先通过随机选择规定数量的节点为枢纽并将其作为初始解，然后构造解的邻域进行搜索，这将涉及多次求解子问题，即当给定枢纽的位置后，如何快速对特定网络的最短路问题进行求解，从而将枢纽位置和分配方案组合在一起作为原问题的一个可行解。

在求解无负权网络最短路问题时，最常用的算法有 Dijkstra 算法和 Floyd 最短路算法，前者用于求解指定两点间的最短路，后者用于求解任意两点间的最短路。但两种算法只适用于网络中两点间一个方向只存在一条边的情况，而本书中的多式联运网络枢纽对间同一方向存在两种运输方式，即两条边，因此需要对本书中的网络进行特定简化。另外，本章提出的问题含有时间约束，当以成本为权重的最短路满足时间约束时，以该最短路作为子问题的满意可行解；当不满足时间约束时，选择以时间为权重求解最短路，并作为子问题的满意可行解；如以时间为权重求解的最短路仍不满足时间约束，则该枢纽选择方案不可行。

下面给出选定 p 个枢纽后求解分配子问题的 Floyd 算法：设 p 个枢纽构成的枢纽集为 $H=\{h_1,h_2,\cdots,h_p\}$，构造图为 $G=(N,E)$，其中 $N=\{1,2,\cdots,n\}$，$e_{ij}\in E$，取 $i\to j$ 权重最小的边，于是含有多重边的多式联运网络可以化成不含多重边的简单图。令网络的权矩阵为 $\boldsymbol{D}=(d_{ij})_{n\times n}$，当以成本最小化求解最短路时，有

$$d_{ij}=\begin{cases}\min\left\{\hat{c}_{ij}^{1}+\alpha^{1}c_{ij}^{1},\hat{c}_{ij}^{2}+\alpha^{2}c_{ij}^{2}\right\} & \forall i,j\in H,i\neq j\\ c_{ij}^{1} & \forall i\in H,j\notin H\ \vee\ i\notin H,j\in H\\ \infty & \forall i,j\notin H\end{cases}\tag{2-8}$$

当以时间最小化求解最短路时，有

$$d_{ij}=\begin{cases}\min\left\{\hat{t}_{ij}^{1}+\beta^{1}t_{ij}^{1},\hat{t}_{ij}^{2}+\beta^{2}t_{ij}^{2}\right\} & \forall i,j\in H,i\neq j\\ t_{ij}^{1} & \forall i\in H,j\notin H\ \vee\ i\notin H,j\in H\\ \infty & \forall i,j\notin H\end{cases}\tag{2-9}$$

令网络的路由矩阵为$\boldsymbol{R}=(r_{ij})_{n\times n}$，其中$r_{ij}$表示节点$i$到节点$j$最短路所经过的第一个点的下标。

Floyd 最短路算法的基本步骤如下。

（1）输入权矩阵$\boldsymbol{D}^{(0)}=\boldsymbol{D}$，路由矩阵$\boldsymbol{R}^{(0)}=\boldsymbol{R}$。

（2）计算$\boldsymbol{D}^{(k)}=(d_{ij}^{(k)})_{n\times n}\ \ (k=1,2,\cdots,n)$，其中$d_{ij}^{(k)}=\min\left[d_{ij}^{(k-1)},d_{ik}^{(k-1)}+d_{kj}^{(k-1)}\right]$；计算$\boldsymbol{R}^{(k)}=(r_{ij}^{(k)})_{n\times n}\ \ (k=1,2,\cdots,n)$，其中$r_{ij}^{(k)}=\begin{cases}r_{ij}^{(k-1)}, & d_{ij}^{(k-1)}\leqslant d_{ik}^{(k-1)}+d_{kj}^{(k-1)}\\ r_{ik}^{(k-1)}, & d_{ij}^{(k-1)}>d_{ik}^{(k-1)}+d_{kj}^{(k-1)}\end{cases}$。

（3）$\boldsymbol{D}^{(n)}=(d_{ij}^{(n)})_{n\times n}$中的元素就是任意两点间的最短路（最小成本或最短时间）的权重，$\boldsymbol{R}^{(n)}=(r_{ij}^{(n)})_{n\times n}$中的元素$r_{ij}^{(n)}$就是节点$i$到节点$j$最短路的第一条弧的终端点的下标，非枢纽与枢纽的分配关系可以通过该矩阵获得，$i\to j$的最短路径为$i\to r_{ij}^{(n)}\to r_{ji}^{(n)}\to j$。

传统 Floyd 算法的复杂度为$O(n^3)$，由于模型假设非枢纽节点只能与枢纽节点连接，如果对枢纽节点与非枢纽节点进行区分，上述迭代过程仅需要迭代p次即可。另外，由于运输网络任意节点间的交通流为对称交通流，$i\to j$与$j\to i$的路是同一条路线。因此，该模型中分配问题算法的实际复杂度为$O(pn^2/2)$。另外，采用 Floyd 最短路算法可以求出给定枢纽时路网最优分配路线下的整体成本矩阵 $\boldsymbol{C}$，目标函数式（2-1）中右侧第一项的运输成本可以用流量矩阵直接数乘其成本矩阵得到，从而使求解过程中的计算量大大减少。

基于上述分析，模型求解的顶层算法采用禁忌搜索算法，子问题的求解方法（即底层算法）采用本节提出的简化 Floyd 最短路算法。

2.4.2　禁忌搜索算法设计

禁忌搜索算法的基本思想：首先给定一个初始解和一个邻域，然后在当前解的邻域中确定若干候选解；若最佳候选解对应的目标值优于当前最优解状态，则忽视其禁忌特性，用其代表当前解和最优解状态，并将相应的对象加入禁忌表（用于记录候选解禁忌属性的表），同时修改禁忌表中各对象的任期；若不存在上述候选解，则在候选解中选择未被禁忌的最佳状态为新的当前解，而无视它与当前解的优劣，同时将相应的对象加入禁忌表，并修改禁忌表中各对象的任期；如此重复上述搜索过程直至满足停止准则。设计禁忌搜索算法需要确定以下环节：初始可行解及邻域的构造、评价函数、移动规则、禁忌表及禁忌长度、禁忌频率、特赦准则、终止准则等。

1. 初始可行解及邻域的构造

记节点序列为 $N=[1,2,\cdots,n]'$，把该序列随机打乱（使用 MATLAB 中的 randperm（n）函数），取序列前 p 个元素作为枢纽集，然后求解给定枢纽时的分配子问题，若子问题存在可行解，则枢纽位置的选择以及非枢纽节点和枢纽节点的路线安排共同构成原问题的一个初始可行解；若子问题不存在可行解（即时间最短路下仍不能满足时间约束），则重复上述过程，直至找到一个初始可行解。

设当前可行枢纽集为 H，其邻域 $N(H)$ 采用 2-swap 交换来确定，即采用将一个非枢纽节点与一个枢纽节点对换的方法来构造邻域空间。以 5 节点 2 枢纽的网络为例，序列 $[2,4,1,5,3]'$ 中的前两行 $[2,4]'$ 为初始可行枢纽集，则其邻域为 $[1,4,2,5,3]'$，$[5,4,1,2,3]'$，$[3,4,1,5,2]'$，$[2,1,4,5,3]'$，$[2,5,1,4,3]'$，$[2,3,1,5,4]'$，共 $2\times(5-2)=6$ 个元素。

2. 评价函数

将式（2-1）作为禁忌搜索解的评价函数。

3. 移动规则

将当前解的一个枢纽节点与非枢纽节点进行交换称为一次移动（Move）。移动规则如下：对当前解的邻域内的所有可行解（满足时间约束），根据评价函数进行评价，选出评价函数值最小的解作为候选解，若候选解产生的移动不在禁忌表中，或者即使在禁忌表中但满足特赦准则，则接受该次移动，并更新当前解和禁忌表，进行下一次迭代；若当前解的邻域内所有解都被禁忌，则选取其中最好的解作为新的当前解，进行下一次迭代；若当前解的邻域内所有解都不可行，则根据评价函数值进行排序，选择不被禁忌且评价函数值较小的解作为新的当前解，进行下一次迭代；当迭代次数满足终止准则时停止移动。

4. 禁忌表及禁忌长度

将搜索过程中每次可接受的移动记录在一个有任期的表中，该表称为禁忌表，任期称为禁忌长度。具体的禁忌规则如下：对于刚进入枢纽集的节点，在任期内不允许移出；对于刚移出枢纽集的节点，在任期内不允许再进入。禁忌表的更新根据先进先出、后进后出的规则进行。禁忌长度的选择有静态和动态两种，本书根据问题的规模静态选取。

5. 禁忌频率

禁忌搜索算法的精度及收敛速度对初始解的选择具有较强的依赖性，实际运用时需要多次选择不同的初始可行解来重复运行算法，选择其中最好的解作为最优解。为实现算法的搜索空间的多样性，将每次运行算法时节点被禁忌的频率记录下来并累加作为一种长期记忆，在产生下一次运行算法的初始解时避开那些禁忌频率高的节点，以使搜索在未搜索过的解空间区域进行。

6. 特赦准则

算法采用的特赦准则在上述移动规则里已有体现，主要包括：①若某个禁忌候选解优于当前最好解，则解禁此候选解，并且把其作为当前解和最优解；②若禁忌候选解和非禁忌候选解均不优于当前最好解，则选择最好的非禁忌解作为当前解，以便在进一步搜索时实现局部突跳，从而逃逸局部极小；③若候选解均被禁忌，且不存在优于最优解的候选解，则对候选解中最佳的候选解进行解禁并将其作为当前解，以便继续搜索。

7. 终止准则

采用预先设定的最大运行次数和最优解连续不变的迭代次数来终止运算。

2.4.3　算法总体流程

综上所述，基于特定最短路的禁忌搜索算法实现的具体步骤如下。

（1）设置禁忌表为空，设置算法的最大运行次数 *Max Run*、每次运行最大迭代次数 *Max Iteration* 和最优解连续不变的最大迭代次数 *Max Count*，设置节点禁忌频率矩阵对应频率 *Node Frequency*=0。

（2）产生初始解 *Starting Solution*，令当前解 *Current Solution*=*Starting Solution*，最优解 *Best Solution*=*Current Solution*。

（3）产生当前解的邻域，求解邻域内所有枢纽集的最短路问题，并对解根据评价函数进行排序，将其作为候选解。

（4）判断最好的候选解是否优于最优解，若是则转步骤（7），否则转步骤（5）。

（5）所有解是否都被禁忌，若是则选择最好的候选解作为当前解，否则将非禁忌的最好候选解作为当前解，转步骤（6）。

（6）更新当前解、禁忌表和禁忌频率，迭代次数 *Iteration*+1，最优解连续

不变的迭代次数 *Count*+1。

（7）将该解作为当前解并更新最优解、禁忌表和禁忌频率，迭代次数 *Iteration*+1。

（8）若迭代次数和最优解连续不变的迭代次数均未达到限制，则继续迭代，若已达到限制，运行次数 *Run*+1，并转步骤（9）。

（9）将禁忌频率高的节点排除在外，产生新的初始可行解，开始新一轮搜索。

（10）运行次数达到最大限制，结束计算，输出结果。

2.5 算例分析与讨论

运输网络枢纽选址问题的研究没有专门的案例和数据，现有枢纽选址研究大多采用澳大利亚的 AP 数据包、美国航空的 CAB 数据包以及土耳其运输网络的节点数据集等进行测试，但这些数据包（集）大多只包含节点距离、流量等基本数据。鉴于此，本节给出的算例以仿真方法提出，在产生相应数据时满足一定规则，以符合实际情况。例如，节点间的距离满足三角不等式，公路运输速度大于铁路运输速度，建设公铁联运枢纽的成本大于建设公路枢纽的成本，公铁枢纽的转运成本和时间大于公路枢纽的成本和时间，铁路枢纽的输送成本折扣系数小于公路枢纽的输送成本折扣系数等。这些规则在模型基本假设中已有说明。

2.5.1 算例数据产生方法

本节以 15 个运输网络节点为例介绍数据产生方法，节点的横纵坐标在 [0，1 000] 中抽样产生，见表 2-1。节点的空间分布如图 2-1 所示。

表 2-1　运输网络节点及其坐标

节点	坐标（X）	坐标（Y）	节点	坐标（X）	坐标（Y）	节点	坐标（X）	坐标（Y）
1	50	900	6	450	500	11	750	790
2	100	300	7	550	50	12	780	650
3	250	600	8	650	530	13	800	460
4	300	200	9	670	360	14	850	800
5	350	400	10	730	200	15	920	920

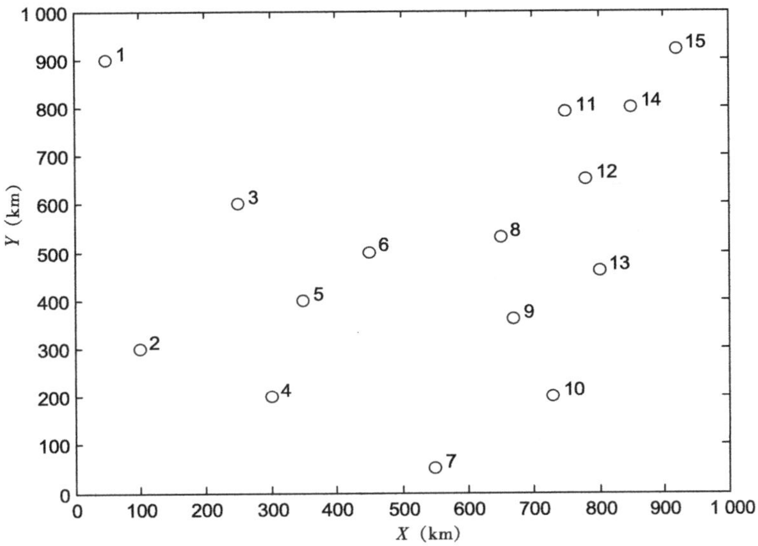

图 2-1　运输网络节点空间分布

节点间的距离矩阵由节点在平面上的欧氏距离计算得到，即 $d_{ij}=\sqrt{(X_i-X_j)^2+(Y_i-Y_j)^2}$，节点间的距离矩阵见表 2-2。公路运输成本设为 0.6 元 /（t • km），运输速度为 70 km/h；铁路运输成本设为 0.6 元 /（t • km），运输速度为 60 km/h。

表 2-2　节点间的距离矩阵

单位：km

节点	1	2	3	4	5	6	7	8	9	10	11	12	13	14	15
1	0	602	361	743	583	566	986	705	822	976	709	772	870	806	870
2	602	0	335	224	269	403	515	596	573	638	814	765	718	901	1 028
3	361	335	0	403	224	224	626	406	484	625	535	532	568	632	742
4	743	224	403	0	206	335	292	481	403	430	742	658	564	814	950
5	583	269	224	206	0	141	403	327	322	429	559	497	454	640	772
6	566	403	224	335	141	0	461	202	261	410	417	362	352	500	630
7	986	515	626	292	403	461	0	490	332	234	767	643	480	808	945
8	705	596	406	481	327	202	490	0	171	340	279	177	166	336	474
9	822	573	484	403	322	261	332	171	0	171	437	310	164	475	613
10	976	638	625	430	429	410	234	340	171	0	590	453	269	612	745
11	709	814	535	742	559	417	767	279	437	590	0	143	334	100	214
12	772	765	532	658	497	362	643	177	310	453	143	0	191	166	304
13	870	718	568	564	454	352	480	166	164	269	334	191	0	344	475
14	806	901	632	814	640	500	808	336	475	612	100	166	344	0	139
15	870	1 028	742	950	772	630	945	474	613	745	214	304	475	139	0

节点间的流量由均匀分布 [200，600] 随机产生，单位为吨，流量矩阵见表 2-3。以节点间纯公路运输的总成本为基准，设置枢纽建设成本；以枢纽建设总成本占运输费用的 20%~25% 为基准，设置各节点枢纽的开设成本，各节点枢纽开设成本在 [100，120] 内均匀随机抽样产生，单位为万元，见表 2-4。各节点对间的公路运输单位转换及运营成本从该节点对公路运输成本的 5%~10% 中均匀随机抽样产生，见表 2-5，同一节点对间的铁路运输单位转换及运营成本设为对应公路单位转换及运营成本的 2 倍。各节点对间的时间限制按照直接铁路运输时间的 1.5 倍设置，见表 2-6。公路转运时间在（1，3）内均匀随机抽样产生，同一节点对间的公铁路转运时间设为对应公路转运时间的 2 倍，见表 2-7。

采用枢纽干线运输时，公路枢纽运输成本折扣系数设为 $\alpha^1=0.8$，时间折

扣系数设为 $\beta^1=0.7$；铁路枢纽运输成本折扣系数设为 $\alpha^2=0.6$，时间折扣系数设为 $\beta^2=0.8$。

表 2-3　节点间的流量矩阵　　单位：t

节点	1	2	3	4	5	6	7	8	9	10	11	12	13	14	15
1	0	312	278	563	357	210	469	535	589	223	380	433	375	418	260
2	312	0	433	246	223	592	314	438	585	274	277	337	573	356	309
3	278	433	0	252	374	237	446	204	429	516	294	379	428	225	399
4	563	246	252	0	539	402	312	499	295	583	448	440	269	236	302
5	357	223	374	539	0	430	524	362	595	236	328	405	224	490	423
6	210	592	237	402	430	0	501	244	244	308	410	589	484	325	317
7	469	314	446	312	524	501	0	579	224	434	314	531	276	377	357
8	535	438	204	499	362	244	579	0	259	390	563	421	213	222	522
9	589	585	429	295	595	244	224	259	0	590	230	435	366	324	306
10	223	274	516	583	236	308	434	390	590	0	524	343	229	436	564
11	380	277	294	448	328	410	314	563	230	524	0	542	585	472	361
12	433	337	379	440	405	589	531	421	435	343	542	0	221	322	432
13	375	573	428	269	224	484	276	213	366	229	585	221	0	268	312
14	418	356	225	236	490	325	377	222	324	436	472	322	268	0	386
15	260	309	399	302	423	317	357	522	306	564	361	432	312	386	0

表 2-4　各节点枢纽开设成本　　单位：万元

节点	1	2	3	4	5	6	7	8	9	10	11	12	13	14	15
成本	119	113	109	103	115	112	109	118	108	103	113	113	106	116	120

表 2-5　各节点对间公路运输单位转换及运营成本　　单位：元/吨

节点	1	2	3	4	5	6	7	8	9	10	11	12	13	14	15
1	0	28	21	38	26	28	56	25	34	58	30	38	50	48	43
2	28	0	16	11	16	21	26	27	22	38	38	24	37	41	33
3	21	16	0	13	9	8	31	13	19	24	30	23	30	30	40
4	38	11	13	0	9	13	14	18	19	21	36	29	18	37	40

续表

节点	1	2	3	4	5	6	7	8	9	10	11	12	13	14	15
5	26	16	9	9	0	7	23	10	12	19	33	27	20	26	25
6	28	21	8	13	7	0	19	12	8	22	20	17	17	26	21
7	56	26	31	14	23	19	0	24	16	13	24	35	22	41	34
8	25	27	13	18	10	12	24	0	9	14	16	8	10	11	17
9	34	22	19	19	12	8	16	9	0	7	24	17	8	22	24
10	58	38	24	21	19	22	13	14	7	0	22	23	9	21	27
11	30	38	30	36	33	20	24	16	24	22	0	8	10	4	13
12	38	24	23	29	27	17	35	8	17	23	8	0	9	5	17
13	50	37	30	18	20	17	22	10	8	9	10	9	0	11	15
14	48	41	30	37	26	26	41	11	22	21	4	5	11	0	5
15	43	33	40	40	25	21	34	17	24	27	13	17	15	5	0

表 2-6　各节点对间的时间限制　　单位：h

节点	1	2	3	4	5	6	7	8	9	10	11	12	13	14	15
1	0.0	15.1	9.0	18.6	14.6	14.2	24.7	17.6	20.6	24.4	17.7	19.3	21.8	20.2	21.8
2	15.1	0.0	8.4	5.6	6.7	10.1	12.9	14.9	14.3	16.0	20.4	19.1	18.0	22.5	25.7
3	9.0	8.4	0.0	10.1	5.6	5.6	15.7	10.2	12.1	15.6	13.4	13.3	14.2	15.8	18.6
4	18.6	5.6	10.1	0.0	5.2	8.4	7.3	12.0	10.1	10.8	18.6	16.5	14.1	20.4	23.8
5	14.6	6.7	5.6	5.2	0.0	3.5	10.1	8.2	8.1	10.7	14.0	12.4	11.4	16.0	19.3
6	14.2	10.1	5.6	8.4	3.5	0.0	11.5	5.1	6.5	10.3	10.4	9.1	8.8	12.5	15.8
7	24.7	12.9	15.7	7.3	10.1	11.5	0.0	12.3	8.3	5.9	19.2	16.1	12.0	20.2	23.6
8	17.6	14.9	10.2	12.0	8.2	5.1	12.3	0.0	4.3	8.5	7.0	4.4	4.2	8.4	11.9
9	20.6	14.3	12.1	10.1	8.1	6.5	8.3	4.3	0.0	4.3	10.9	7.8	4.1	11.9	15.3
10	24.4	16.0	15.6	10.8	10.7	10.3	5.9	8.5	4.3	0.0	14.8	11.3	6.7	15.3	18.6
11	17.7	20.4	13.4	18.6	14.0	10.4	19.2	7.0	10.9	14.8	0.0	3.6	8.4	2.5	5.4
12	19.3	19.1	13.3	16.5	12.4	9.1	16.1	4.4	7.8	11.3	3.6	0.0	4.8	4.2	7.6
13	21.8	18.0	14.2	14.1	11.4	8.8	12.0	4.2	4.1	6.7	8.4	4.8	0.0	8.6	11.9
14	20.2	22.5	15.8	20.4	16.0	12.5	20.2	8.4	11.9	15.3	2.5	4.2	8.6	0.0	3.5
15	21.8	25.7	18.6	23.8	19.3	15.8	23.6	11.9	15.3	18.6	5.4	7.6	11.9	3.5	0.0

表 2-7　各节点对间的公路转运时间　　单位：h

节点	1	2	3	4	5	6	7	8	9	10	11	12	13	14	15
1	0.0	1.5	2.5	2.3	1.6	2.1	1.1	2.4	2.8	1.9	1.7	2.8	1.0	2.9	2.4
2	1.5	0.0	1.2	2.4	2.1	2.0	1.6	1.3	1.6	2.3	2.0	2.2	2.5	1.3	2.0
3	2.5	1.2	0.0	2.4	1.7	2.1	2.7	1.5	1.0	2.2	2.1	1.5	2.8	2.9	2.0
4	2.3	2.4	2.4	0.0	1.6	2.3	1.3	1.5	2.8	2.2	2.3	1.1	1.4	2.6	2.3
5	1.6	2.1	1.7	1.6	0.0	2.5	1.8	2.4	1.1	2.5	1.1	2.3	2.0	2.1	2.5
6	2.1	2.0	2.1	2.3	2.5	0.0	1.2	2.9	2.6	2.5	2.6	2.1	1.7	1.3	2.8
7	1.1	1.6	2.7	1.3	1.8	1.2	0.0	1.6	1.7	1.3	1.4	2.1	1.1	1.8	2.4
8	2.4	1.3	1.5	1.5	2.4	2.9	1.6	0.0	1.1	1.5	3.0	2.9	3.0	1.1	1.4
9	2.8	1.6	1.0	2.8	1.1	2.6	1.7	1.1	0.0	2.3	2.9	3.0	2.4	1.4	2.7
10	1.9	2.3	2.2	2.2	2.5	2.5	1.3	1.5	2.3	0.0	1.4	2.9	1.1	2.0	2.3
11	1.7	2.0	2.1	2.3	1.1	2.6	1.4	3.0	2.9	1.4	0.0	2.3	1.2	1.8	1.9
12	2.8	2.2	1.5	1.1	2.3	2.1	2.1	2.9	3.0	2.9	2.3	0.0	1.6	2.0	2.6
13	1.0	2.5	2.8	1.4	2.0	1.7	1.1	3.0	2.4	1.1	1.2	1.6	0.0	2.3	2.2
14	2.9	1.3	2.9	2.6	2.1	1.3	1.8	1.1	1.4	2.0	1.8	2.0	2.3	0.0	2.0
15	2.4	2.0	2.0	2.3	2.5	2.8	2.4	1.4	2.7	2.3	1.9	2.6	2.2	2.0	0.0

2.5.2　算法收敛性与有效性检验

采用本书提出的禁忌搜索算法和 Floyd 最短路算法对上述 15 个节点运输网络算例进行求解，基于 MATLAB 7.10 编程实现，在 Intel Core i5 2.20GHz/8.00GB 电脑上运行。设需确定 5 个枢纽的位置，禁忌搜索算法中的禁忌长度 $t = 7$，取当前解的邻域内目标函数值较小的 10 个解作为候选解，当初始枢纽集为 [2，6，12，14，15] 时，记录迭代过程中当前解的目标函数的变化情况并绘图，如图 2-2 所示。

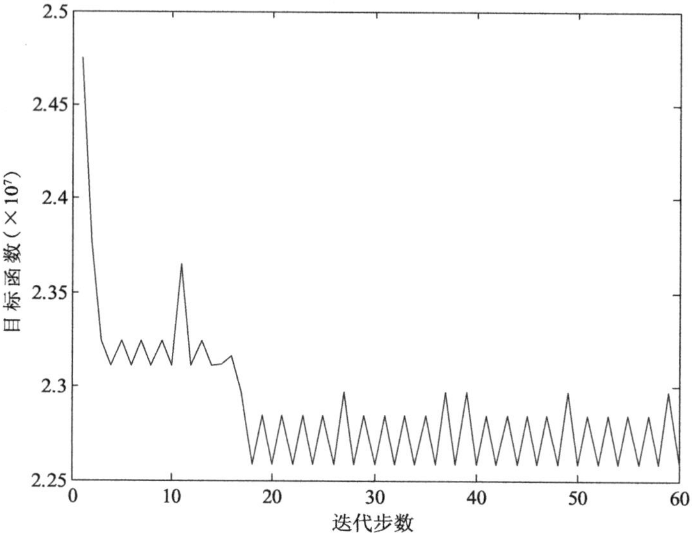

图 2-2　算法一次运行过程中目标函数变化情况

从图 2-2 中可以看出，在迭代初期的搜索过程中，目标函数迅速收敛，然后在第 11 步迭代时，目标函数有所上升，这是由于禁忌搜索算法并不总是选择当前最优解作为当前解进行搜索，而是允许接受劣解和不可行解，从而具有跳出局部最优解，在新的区域进行搜索的能力。最终，搜索过程在迭代 30 次后趋于收敛。因此，算法设计每次运行最大迭代次数 *Max Iteration* 为 50 次，最优解连续不变的最大迭代次数 *Max Count* 为 20 次。重复搜索并产生新的初始解时，将禁忌频率高的节点排除在外，保证从新的区域进行搜索，算法重复运行 15 次后最优解保持不变，故设置算法的最大运行次数 *Max Run* 为 20 次。

为检验算法的有效性，利用前述产生仿真数据的方法，分别产生节点数量为 10、15、20、25、30、40、50，枢纽数量为 3、5、7、9、11、13、15 的运输网络数据，采用本章提出的算法求解，并与用 Complex 12.0 软件和 Meng 等人提出的混合遗传算法求解的结果进行对比，见表 2-8。

表 2-8　禁忌搜索算法与其他方法的有效性对比

(n, p)	Complex 求解结果		混合遗传算法求解结果			禁忌搜索算法求解结果		
	最优值（$\times10^7$ 元）	CPU 时间（s）	最优值（$\times10^7$ 元）	CPU 时间（s）	误差（%）	最优值（$\times10^7$ 元）	CPU 时间（s）	误差（%）
（10，3）	1.743 2	6.46	1.743 2	0.69	0	1.743 2	0.38	0
（15，5）	2.258 1	23.25	2.258 1	3.66	0	2.258 1	1.25	0
（20，7）	3.789 2	81.86	3.789 2	9.45	0	3.789 2	4.32	0
（25，9）	6.368 5	311.94	6.368 5	21.47	0	6.368 5	8.68	0
（30，11）	9.441 3	1 027.6	9.450 2	63.71	0.094	9.441 3	19.33	0
（40，13）	12.709 8	4 472.3	12.783 5	224.25	0.58	12.723 6	41.79	0.11
（50，15）	15.259 7	17 296.8	15.358 6	398.45	0.65	15.291 5	115.47	0.21

注：CPU 时间指计算机 CPU 全速工作时完成该进程所花费的时间。

从表 2-8 可以看出，采用当前主流规划软件 Complex 求解时，求解时间随着问题规模的增大而快速增加，当运输网络节点超过 30 个时，Complex 不能在合理的时间得到最优解；采用启发式算法则能显著缩短问题的求解时间，本章提出的基于 Floyd 最短路算法的禁忌搜索算法的求解速度要快于 Meng 等人提出的混合遗传算法，这是由于模型求解属于组合优化问题，禁忌搜索算法利用禁忌表避免了迂回搜索，使寻优过程更加高效。Complex 软件采用的是定量求解方法，可以将该软件得到的最优解作为精确解。与之相比，本章设计的算法在求解精度上要优于混合遗传算法，特别是混合遗传算法在网络节点和枢纽数量较多时误差较大，可能与其在搜索过程中出现早熟现象有关。

2.5.3　算例结果与分析

对 15 个节点运输网络算例结果进行讨论，最优枢纽集为 [1，5，8，10，14]，对应目标函数值为 $2.258\,1\times10^7$ 元。最优枢纽集的路由矩阵见表 2-9。从表 2-9 中不但可以得到非枢纽节点与枢纽节点间的分配关系，如非枢纽节点 2 全部分配给枢纽节点 5，非枢纽节点 9 主要分配给枢纽节点 8，还可以分配给枢纽节点 10；而且还可以得到任意节点对间的路线，如节点 3 到节点 9 的路线为 3→5→8→9，节点 1 到节点 7 的路线为 1→8→10→7。枢纽间的运输方式选择可以观察最优枢纽集下的路由矩阵，通过式（2-8）和式（2-9）反推得到，在此不再赘述。

表 2-9　最优枢纽集下的路由矩阵

节点	1	2	3	4	5	6	7	8	9	10	11	12	13	14	15
1	1	5	3	5	5	5	8	8	8	8	14	8	8	14	14
2	5	2	5	5	5	5	5	5	5	5	5	5	5	5	5
3	1	5	3	5	5	5	5	5	5	5	5	5	5	5	5
4	5	5	5	4	5	5	5	5	5	5	5	5	5	5	5
5	1	2	3	4	5	6	10	8	8	10	8	8	8	8	8
6	5	5	5	5	5	6	5	8	8	5	8	8	8	8	8
7	10	10	10	10	10	10	7	10	10	10	10	10	10	10	10
8	1	5	5	5	5	6	10	8	9	10	14	12	13	14	14
9	8	8	8	8	8	8	10	8	9	10	8	8	8	8	8
10	8	5	5	5	5	5	7	8	9	10	14	8	13	14	14
11	14	14	14	14	14	14	14	14	14	14	11	14	14	14	14
12	8	8	8	8	8	8	8	8	8	8	14	12	8	14	14
13	8	8	8	8	8	8	10	8	8	10	8	8	13	8	8
14	1	8	8	8	8	8	10	8	8	10	11	12	8	14	15
15	14	14	14	14	14	14	14	14	14	14	14	14	14	14	15

图 2-3 给出了枢纽的位置与非枢纽间的分配关系。图中，同心的双圆表示在该节点处建立枢纽，粗实线表示干线运输，细实线表示普通公路运输。观察该图可以发现，节点 1 在图中属于孤点，但却在该点建立了枢纽，且只有节点 3 的部分运输分配到枢纽 1。这是由于节点 1 和其他节点间均有流量，而且距

离较远，如果不建为枢纽而通过其他枢纽中转，节点间的距离满足三角不等式，势必会引起总成本增加。

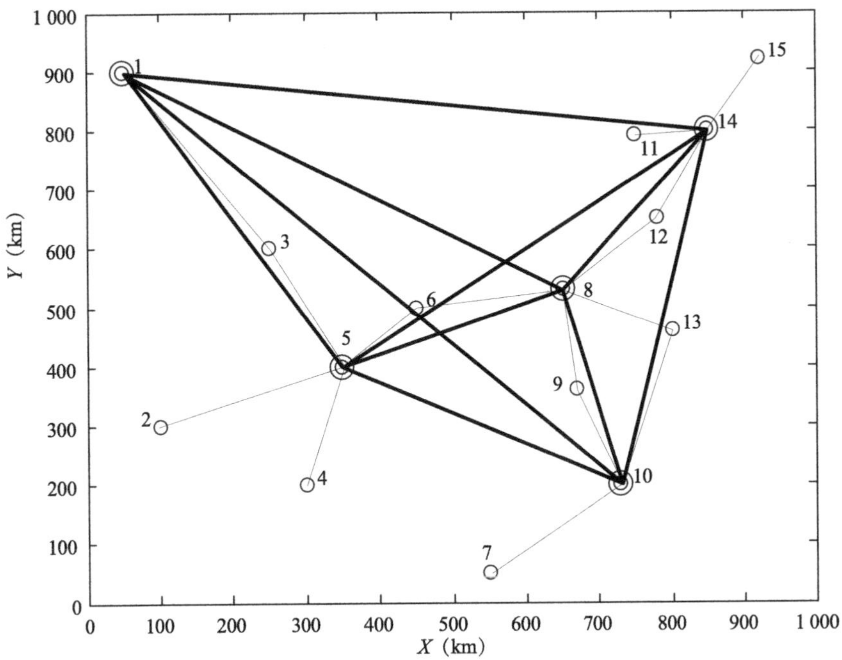

图 2-3　枢纽的位置及与非枢纽间的分配关系

本章将运输网络枢纽选址问题抽象为多式联运枢纽选址问题，在此基础上建立了无容量约束且带时间约束的多分配 0-1 整数规划模型，将问题分解为枢纽选址和交通流分配两个子问题，其中枢纽选址问题设计了一种基于禁忌搜索的启发式算法，而对于交通流分配问题，通过对枢纽对间的联运网络的特定简化，采用 Floyd 最短路算法整体求解，使整个算法的计算量大大减少。仿真算例结果表明，与其他方法相比，该算法能对模型快速求解且精度较高，得到的枢纽选址策略和枢纽与普通节点间的分配关系可以为交通运输网络建设提供理论依据。本章在设计运输网络仿真算例时只考虑公铁联运，但提出的方法很容易拓展到其他联运的情景；同时，在研究枢纽选址分配问题时假设枢纽对间是完全网络且考虑非枢纽节点与枢纽节点是多分配的情况，下一步可以放宽这些假设，研究非完全枢纽网络且为单分配的情景。另外，本章在算例中给出的时间约束是较宽松的情形，在紧时间约束下的情形也值得研究。

第3章　特定枢纽失效时弹性运输网络枢纽选址策略

常规运输网络枢纽选址研究一般以正常状态下网络总成本最小建立规划模型，没有考虑部分枢纽节点在特定情况下可能会失效，这将对运输行动产生破坏性影响。运输网络在部分节点失效或路径中断后，不会完全丧失功能，通过抢修或重新规划路线等应急管理措施能使运输网络逐渐恢复其性能。运输网络这种吸收和降低失效事件的冲击影响的能力称为网络弹性，它是衡量网络生存性的一个重要综合性指标。现有运输网络弹性研究一般集中在弹性定义与测度、不同拓扑结构网络弹性评价、弹性管理措施等方面，通过调整枢纽选址策略来提高网络弹性的研究极少。考虑枢纽失效因素时，相近的研究常把其作为网络可靠性来研究，且往往只以网络可靠性最大作为目标函数，忽视了对网络在正常状态下和失效事件下性能的权衡。

本章主要用正常状态和应急状态的综合效能来研究枢纽选址策略对运输网络弹性的影响。研究枢纽选址问题时，不仅考虑正常状态下运输网络的建设和运输成本，而且还考虑部分枢纽失效时网络的性能。借鉴博弈论思想，假设一方在网络破坏时选择价值最大的目标，另一方在部分枢纽失效后按最小成本原则重新规划路线，以网络总成本的变化量度弹性，并在优化时考虑最坏情况，从而建立能实现运输网络综合性能权衡的双目标三层整数规划模型。本章对模型求解设计了一种基于最短路和多目标禁忌搜索的启发式算法，最后通过一个仿真算例对弹性枢纽选址策略进行说明。

3.1 问题描述及假设

在交通运输中，采用多种运输方式对人员和物资进行输送，其过程属于多式联运，运输网络可抽象为轴辐式网络，人员和物资的出发点以及最终到达的各配置地域看作网络中的非枢纽节点，集结点和配置点可看作网络中的枢纽节点。

在轴辐式网络中，枢纽节点连接度大，而非枢纽节点连接度小，枢纽节点失效相对于非枢纽节点和网络的边失效对网络弹性的影响更大，因此在设计网络时考虑枢纽被破坏等失效的情形具有重要的现实意义。当部分枢纽失效而且短时间内难以恢复时，常见的弹性管理措施是重新规划运输路线，以保证运输任务的完成，但会造成运输成本和时间的增加。重新规划路线时，运输时间会大大超出计划时间，故本章从无时间约束时费用增加的角度考虑运输网络弹性。运输网络弹性定义为

$$R=\frac{C_{\text{before}}}{C_{\text{after}}} \tag{3-1}$$

式中：R 为运输网络弹性；C_{before} 为枢纽失效前的运输网络运输成本；C_{after} 为部分枢纽失效后的运输网络运输成本。

在设计运输网络时，既希望网络在正常状态下的总成本最小，即 $\min\ C_{\text{before}}$，又希望部分枢纽失效后引起的总成本增加不太大，即 $\min\ C_{\text{after}}$。但是，博弈对手在进行破坏时一般会选择能引起网络总成本急剧增加的枢纽，其目标是 $\max\ C_{\text{after}}$。那么，在设计网络初期就应考虑最坏的情况，通过优化使网络受到破坏后总成本最小，即 min（max C_{after}）。另外，当部分枢纽失效后重新规划路线时，仍要遵循成本最小化原则，即 $C_{\text{after}}=\min C'$，其中 C' 是现存枢纽下的运输网络运输成本。因此，考虑弹性的运输网络枢纽选址是一个

双目标三层规划问题。在构建枢纽选址策略模型时的基本假设如下。

（1）枢纽网络为完全网络，且枢纽不会全部失效。

（2）枢纽间采用干线运输时，由于规模效应，运输成本存在一个折扣系数。

（3）一个非枢纽节点可以与多个枢纽节点相连，非枢纽节点间不能直接相连。

（4）运输节点间的距离和运输成本满足三角不等式，因此任意起讫点间的人员和物资运输最多经过两个枢纽进行转运。

（5）枢纽和干线运输无容量限制。

（6）某枢纽失效后，其功能将全部丧失，且短时间内不能恢复，但该节点处产生的流量和到达该节点的流量不会消失，即该节点由枢纽节点变成非枢纽节点。

（7）博弈对手在进行破坏时考虑破坏效果最大化，设计方应考虑最坏情况。

（8）某些枢纽失效后，重新规划运输路线时遵循整体成本最小原则。

3.2　模型参数及变量

1. 模型参数

本章用到的模型参数如下。

$N=\{1,2,\cdots,n\}$ 是所有节点的集合。

H 是所有枢纽节点的集合。

p 是枢纽个数。

q 是失效的枢纽个数。

$S=\{1,2\}$ 是运输方式的集合，其中 $s=1$ 表示公路运输，$s=2$ 表示铁路运输。

w_{ij} 是起讫点间的流量，$w_{ii}=0$，$i\in N$，$j\in N$。

F_k 是枢纽 k 的开设及运营成本。

c_{ij}^s 是节点 i 到节点 j 采用 s 方式运输时的单位成本，$c_{ii}^s=0$。

$\hat{c}_{km}^s$ 是通过枢纽对（k,m）采用 s 方式转运时的单位转换及运营成本，$\hat{c}_{kk}^s=0$。

$C_{ijkm}^s=c_{ik}^1+\hat{c}_{km}^s+\alpha^s c_{km}^s+c_{mj}^1$ 是节点 i 到节点 j 通过枢纽对（k，m）采用 s 方式运输时的单位成本。

α^s 是当枢纽间采用 s 方式进行干线运输时的成本折扣系数。

2. 决策变量

本章用到的决策变量如下。

$$y_k=\begin{cases}1,\ \text{若节点}k\text{被建为枢纽}\\0,\ \text{其他}\end{cases}$$

$$z_k=\begin{cases}1,\ \text{若节点}k\text{已经失效}\\0,\ \text{其他}\end{cases}$$

$$X_{ijkm}^s=\begin{cases}1,\ \text{节点}i\text{到节点}j\text{通过枢纽对}(k,m)\text{采用}s\text{方式运输}\\0,\ \text{其他}\end{cases}$$

$$U_{ijkm}^s=\begin{cases}1,\text{部分枢纽失效后},\text{节点}i\text{到节点}j\text{通过枢纽对}(k,m)\text{采用}s\text{方式运输}\\0,\text{其他}\end{cases}$$

3.3 双目标三层整数规划模型

基于上述假设和模型参数，建立特定枢纽失效情况下弹性运输网络枢纽选址问题的数学模型如下。

Level 1A：

$$\min\ M_1=\sum_{i\in N}\sum_{j\in N}\sum_{k\in N}\sum_{m\in N}\sum_{s\in S}w_{ij}X_{ijkm}^s C_{ijkm}^s+\sum_{k\in N}F_k y_k \tag{3-2}$$

Level 1B：

$$\min \quad M_2 \tag{3-3}$$

$$\text{s.t.} \quad \sum_{k \in N} y_k = p \tag{3-4}$$

$$\sum_{k \in N} \sum_{m \in N} \sum_{s \in S} X_{ijkm}^s = 1 \quad \forall i, j \in N \tag{3-5}$$

$$X_{ijkm}^s \leqslant y_k \quad \forall i, j, k, m \in N,\ s \in S \tag{3-6}$$

$$X_{ijkm}^s \leqslant y_m \quad \forall i, j, k, m \in N,\ s \in S \tag{3-7}$$

$$y_k, X_{ijkm}^s \in \{0,1\} \quad \forall i, j, k, m \in N,\ s \in S \tag{3-8}$$

式（3-3）中，M_2是以下规划的值。

Level 2：

$$M_2 = \max \ \{M_3 + \sum_{k \in N} F_k z_k\} \tag{3-9}$$

$$\text{s.t.} \quad \sum_{k \in N} z_k = q \tag{3-10}$$

$$z_k \in \{0,1\} \quad \forall k \in H \tag{3-11}$$

式（3-9）中，M_3是以下规划的值。

Level 3：

$$\min \quad M_3 = \sum_{i \in N} \sum_{j \in N} \sum_{k \in N} \sum_{m \in N} \sum_{s \in S} w_{ij} U_{ijkm}^s C_{ijkm}^s \tag{3-12}$$

$$\text{s.t.} \quad \sum_{k \in N} \sum_{m \in N} \sum_{s \in S} U_{ijkm}^s = 1 \quad \forall i, j \in N \tag{3-13}$$

$$U_{ijkm}^s \leqslant y_k (1 - z_k) \quad \forall i, j, k, m \in N,\ s \in S \tag{3-14}$$

$$U_{ijkm}^s \leqslant y_m (1 - z_m) \quad \forall i, j, k, m \in N,\ s \in S \tag{3-15}$$

$$U_{ijkm}^s \in \{0,1\} \quad \forall i, j, k, m \in N,\ s \in S \tag{3-16}$$

式（3-2）为顶层规划的第一个目标函数，运输网络在正常状态下的总成本最小，其中右侧的第一项为网络运输成本，第二项为开设枢纽的固定成本。式（3-3）为顶层规划的第二个目标函数，通过对枢纽选址方案的优化尽量降低网络在部分枢纽受到特定破坏时的总成本。式（3-3）无具体函数形式，这是由于其优化对象是第二层规划式（3-9）的优化结果。式（3-4）为枢纽个数约束，共建设p个枢纽。式（3-5）为运输模式约束，对于任一对起讫点，只能通过一对（或一个）枢纽，并且在枢纽对间选择公路和铁路中的一种进行运输。式（3-6）和式（3-7）表示只有建设枢纽，才会有基于该枢纽对运输的路线选择。式（3-8）为 0-1 整数约束。

式（3-9）为第二层规划的目标函数，博弈对手选择最大化破坏后网络总成本，其中右侧第一项为网络运输成本，第二项为失效枢纽的固定成本。式（3-10）为枢纽失效个数约束。式（3-11）为 0-1 整数约束。式（3-12）为第三层规划的目标函数，表示当q个枢纽失效后，设计方在重新规划运输路线时遵循成本最小化原则。该层规划的结果是第二层规划的一个约束，如果没有该约束，为使目标函数最大化，必然选择成本最大的路线。式（3-13）和式（3-5）的含义相同。式（3-14）和式（3-15）表示只有建设枢纽对，且枢纽对均未失效，才会有基于该枢纽对运输的路线选择。式（3-16）为 0-1 整数约束。

上述三层规划间存在递阶关系，各层次的规划模型分别从不同层次决策者的角度提出。第一层规划的两个问题是从战略层面网络设计者角度提出的，其优化目标是寻求网络在两种可能的状态下总成本的平衡；第二层规划是从博弈双方决策者的角度提出的，其目标是如何破坏给定枢纽网络下最有价值的部分枢纽来使另一方成本最大化；第三层规划是从战术层面运输实施者角度提出的，当现有网络中有q个枢纽失效时，运输实施者通过重新优化运输路线使运输成本最小。

模型上下层次的规划决策存在逻辑顺序，上层规划先做出决策并影响下层规划的策略集，下层规划在上层规划决策的前提下选择策略来优化自身的目标并影响上层规划的优化结果。因此，上层规划在选择优化策略时要从博弈论的角度考虑下层规划可能采取的策略对自身的影响。例如，第一层规划的枢纽选址策略决定了第二层规划中失效枢纽的所有可能组合，而第二层规划中博弈对手的破坏方案的选择影响第一层规划第二个目标函数式（3-3）的值，故在顶层规划中选择枢纽选址策略时需要考虑给定每种枢纽集时的最坏情况，这属于 min-max 型问题。类似地，第二层规划和第三层规划之间属于 max-min 型问题。

3.4　基于多项式概率的多目标禁忌搜索算法

上述模型是一个双目标三层规划的组合优化问题，用传统定量方法求解很困难，本章在分析模型求解思路的基础上，基于多目标禁忌搜索模型进行求解。模型的三层规划之间是嵌套关系，在采用多目标禁忌搜索算法求解时，解产生的基本思路如下：首先随机产生一组节点作为正常状态下的枢纽集，然后用枚举的方法产生当前枢纽所有的失效可能，在每一种可能失效的情况下用 Floyd 最短路算法确定非枢纽节点与现存枢纽节点之间的连接方式以及起讫点间的运输路线与运输方式。

3.4.1　解及邻域的构造

对于第一层规划，记节点序列为 $N=[1,2,\cdots,n]'$，把该序列随机打乱，取序列前 p 个元素作为正常状态下的枢纽集，记为 H，其邻域 $N(H)$ 采用 2-swap 交换来确定，即采用将一个非枢纽节点与枢纽节点对换的方法来构造邻域空间。以 5 节点 2 枢纽的网络为例，序列 $[2,4,1,5,3]'$ 中的前两行 $[2,4]'$ 为初始可行枢纽集，则其邻域为 $[1,4,2,5,3]'$，$[5,4,1,2,3]'$，$[3,4,1,5,2]'$，$[2,1,4,5,3]'$，$[2,5,1,4,3]'$，$[2,3,1,5,4]'$，共 $2\times(5-2)=6$ 个元素。式（3-2）的值可以用第 3 章提出的特定 Floyd 最短路算法直接计算；式（3-3）的值则需要底层两个规划的最优值确定后才能确定。解的寻优过程依据两个目标函数值，通过禁忌搜索来实现。

对于第二层规划，给定正常状态下的枢纽集H，部分枢纽失效后的可能状态可以通过枚举法得到，例如当前的枢纽集为[1，2，3，4，5]，当前有两个枢纽失效，那么现存的枢纽集合有10种可能，即[1，2，3]，[1，2，4]，[1，2，5]等。该层规划的最优解寻优过程可以通过比较所有可能状态下的目标函数值来实现。

第三层规划属于设施分配和路径选择问题，最优解可以通过给定枢纽时的Floyd最短路算法得到。

3.4.2 非支配解集

第一层规划的两个目标在某种程度上存在一定冲突，其解不是唯一的，而是一个非支配解集（Pareto解集），集合中的解称为非支配解。“支配”与“非支配”的基本含义如下：设有任意两个解H_1和H_2，若对所有目标而言，H_1对应的目标函数值至少有一项优于H_2且其他项均不劣于H_2，则称H_1支配H_2；若H_1没有被其他解所支配，则H_1称为非支配解。

3.4.3 评价函数

由于模型的顶层规划含有两个独立的目标函数，在禁忌搜索过程中解的评价函数如何设计是一个难题，传统上处理多目标优化问题时一般采用权重系数的方法将多目标优化问题转化为单目标优化问题，但这种方法存在一定缺陷：一是权重系数如何确定带有主观性；二是归一化处理在一定程度上抹杀了解的个性，例如当目标函数权重相同时，这种方法无法区分两个目标函数值分别为

（60，40）和（40，60）的两个解孰优孰劣。本章借鉴 Kulturel-Konak 等人提出的依据多项式概率随机选取某一目标函数的思想，将式（3-2）和式（3-3）均作为禁忌搜索解的评价函数，但在每一次评价过程中，均以 0.5 的概率随机选择其中一个作为当前解的评价函数。尽管搜索过程中当前解的某一步移动只依据两个目标函数中的一个来进行，但随着搜索频率的增加，当前解仍能逼近 Pareto 前沿。

3.4.4　移动规则

接受当前解中的一个枢纽节点与非枢纽节点进行的交换称为一次移动。移动规则如下：对当前解的邻域内的所有解，根据评价函数进行排序并将其作为候选解，若评价函数值最小的候选解产生的移动不在禁忌表中，或者即使在禁忌表中但满足特赦准则，则接受该次移动，进行下一次迭代，否则对下一个候选解进行判断；若所有的候选解都被禁忌，则选取其中最好的解作为新的当前解，进行下一次迭代。

3.4.5　禁忌规则、禁忌长度和禁忌频率

寻优过程的禁忌规则如下：对于刚进入枢纽集的节点在任期内不允许移出，对于刚移出枢纽集的节点在任期内不允许再进入。禁忌表的更新根据先进先出、后进后出的规则进行。禁忌长度 $l=\sqrt{n(n-p)}$，且取整数。

为实现算法的搜索空间的多样性，将每次运行算法时节点被禁忌的频率记录下来并累加作为一种长期记忆，产生下一次运行算法的初始解时避开那些禁忌频率高的节点，以使搜索在未搜索过的解空间区域进行。

3.4.6 特赦准则

特赦准则包括：①若某个禁忌候选解支配当前 Pareto 解集中的某个或某些解，则解禁此候选解作为当前解，并且替换掉解集中的劣解；②若候选解均被禁忌，且不存在支配当前 Pareto 解集的候选解，则对候选解中最好的候选解进行解禁，将其作为当前解。

3.4.7 算法总体流程

综上所述，求解模型的多目标禁忌搜索算法的具体步骤如下。

（1）设置当前 Pareto 解集和禁忌表为空，设置算法的最大运行次数 *Max Run*、每次运行最大迭代次数 *Max Iteration* 和 Pareto 解集连续不变的最大迭代次数 *Max Count*，设置节点禁忌频率矩阵对应频率 *Node Frequency*=0。

（2）随机选择 p 个节点作为初始枢纽集 H^0，求最短路问题，计算正常状态下的网络总成本 M_1^0；对于枢纽集 H^0，枚举出有 q 个枢纽失效时所有现存枢纽的集合，利用式（3-12）求解集合中每一种状态下的最短路问题，计算其成本，选择其中成本最大的解代入式（3-9），得到最坏情况下的网络总成本 M_2^0；将 $\{H_0,M_1^0,M_2^0\}$ 加入 Pareto 解集中；令初始枢纽为当前解。

（3）产生一个在 [0，1] 区间均匀分布的随机数 ε，若 $\varepsilon \leqslant 0.5$，选择式（3-2）作为解的评价函数；否则选择式（3-3）作为解的评价函数。

（4）产生当前解的邻域，对邻域内所有解根据评价函数进行排序，取前 10 个作为候选解。

（5）判断最好的候选解是否支配 Pareto 解集中的一些解，若是则转步骤（9），否则转步骤（6）。

（6）判断所有解是否都被禁忌，若是选择最好的候选解作为当前解，否则将非禁忌的最好候选解作为当前解；检查选择的候选解与 Pareto 解集的支配关系，若未被任意解支配转步骤（7），否则转步骤（8）。

（7）更新当前解、禁忌表和禁忌频率，迭代次数 *Iteration*+1，将该解加入 Pareto 解集中，*Count*=0，转步骤（10）。

（8）更新当前解、禁忌表和禁忌频率，迭代次数 *Iteration*+1，Pareto 解集连续不变的迭代次数 *Count*+1，转步骤（10）。

（9）将该解作为当前解，并更新 Pareto 解集，删去 Pareto 解集中被支配的劣解，更新禁忌表和禁忌频率，迭代次数 *Iteration*+1，*Count*=0。

（10）若迭代次数和最优解连续不变的迭代次数均未达到限制，则转步骤（3）继续迭代，若已达到限制，运行次数 *Run*+1，转步骤（11）。

（11）将禁忌频率高的节点排除在外，产生新的初始可行解，开始新一轮搜索。

（12）运行次数达到最大限制，结束计算，输出 Pareto 解集。

3.5　算例分析与讨论

本章算例数据采用第 2 章 15 个节点运输网络算例数据，设正常状态下共开设 $p=5$ 个枢纽，最坏的情况下有 $q=2$ 个枢纽失效，采用本书提出的多目标禁忌搜索算法求解，程序在 Intel Core i5 2.20GHz/8.00GB 电脑上运行。禁忌长度设为 $t=7$，禁忌频率设为 5，每次运行最大迭代次数为 50 次，Pareto 解集连续不变的最大迭代次数为 20 次，算法共运行 20 次。在 9.4 s 后取得结果，共得到 6 组 Pareto 解集，见表 3-1。

表 3-1　算例的 Pareto 解集

解	Pareto 最优枢纽集	正常状态下网络总成本 M_1（$\times 10^7$ 元）	最坏情况下网络总成本 M_2（$\times 10^7$ 元）	目标函数 M_1 增加百分比（%）	目标函数 M_2 降低百分比（%）	效费比	网络弹性 R
1	[1, 5, 8, 10, 14]	2.258 1	3.265 6				0.691 4
2	[1, 5, 8, 10, 11]	2.285 0	3.262 6	1.2	0.9	0.75	0.700 4
3	[1, 5, 8, 9, 14]	2.297 2	2.912 6	1.7	10.8	6.35	0.788 7
4	[1, 5, 8, 9, 11]	2.324 2	2.909 6	2.9	10.9	3.76	0.798 8
5	[3, 5, 8, 9, 14]	2.347 4	2.905 2	4.0	11.0	2.75	0.808 0
6	[3, 5, 8, 9, 11]	2.380 6	2.902 2	5.4	11.1	2.06	0.820 3

解 1 将节点 [1，5，8，10，14] 建为枢纽，正常状态下网络总成本最小，遭特定破坏后网络成本较大，网络弹性较差。解 3 将节点 [1，5，8，9，14] 建为枢纽，平时状态追加 1.7% 成本，应急损失降低 10.8%，此方案效费比最大。解 6 将节点 [3，5，8，9，11] 建为枢纽，此策略网络弹性最好，遭特定破坏后网络成本最小，但正常状态下网络总成本偏大。决策者可以根据平时和应急要求对上述解进行选择，选址策略的权衡曲线如图 3-1 所示。解 1 适合网络威胁不大且决策者乐观的情况；解 6 适合网络威胁严重且决策者悲观的情况；解 3 则能兼顾正常状态和应急状态网络的性能，适合作为考虑弹性时运输网络枢纽选址的满意方案。

运输网络中关键枢纽对网络的效率和安全性有重大影响，在设计运输网络时，既需要考虑正常状态下网络的效率，又要权衡关键枢纽失效对网络性能的影响。本章借鉴博弈论思想，给出了考虑弹性时运输网络枢纽选址建模策略，建立了能实现运输网络性能权衡的双目标三层规划模型，设计了一种基于多目标禁忌搜索的启发式算法。算例表明，算法能有效对模型进行求解，得到的选址策略能为弹性运输网络设计提供定量参考。本章建立的模型仅考虑了公铁联运，未来研究可以扩展到公路、铁路、水路、航空等多种运输方式。当从弹性视角进行研究时，本书只考虑了关键枢纽失效的情况，后续研究可以考虑枢纽节点失效服从概率分布的情形。

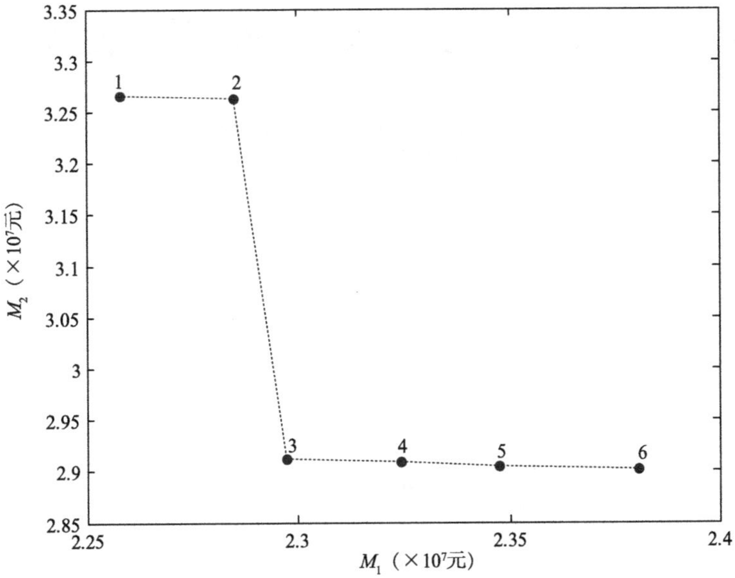

图 3-1　正常状态下和应急状态下总成本的权衡曲线

第 4 章　枢纽随机失效时弹性运输网络枢纽选址策略

在设计弹性运输网络时，将未来枢纽可能会失效的因素考虑进去，通过调整网络枢纽选址策略使运输网络自身具有一定的应对枢纽失效事件的能力，是考虑弹性的运输网络枢纽选址的基本任务。本章基于运输网络信息全透明的假设，考虑网络中最重要的枢纽节点遭到破坏的情况，通过优化最坏情况来提高运输网络的弹性。然而，通常情况下，在运输实施过程中破坏威胁、极端气象条件、自然灾害、交通状况等因素并不确定，不同情况下运输网络中枢纽失效的概率不同。因此，研究枢纽随机失效情况下弹性运输网络枢纽选址问题同样具有重大的现实意义。

考虑枢纽随机失效的情况，An 等人假设网络最多有一个枢纽失效，且枢纽失效后其本身产生的流量和经过该枢纽的流量全部损失，给出含有枢纽失效概率的轴辐式网络单分配和多分配枢纽选址模型，在拉格朗日松弛法和分支定界法基础上用 CPLEX 软件求解。Azizi 等人同样假设网络最多有一个枢纽失效，枢纽失效后其原来负担的流量全部出现有网络中的另一备用枢纽承担，通过一个权重系数将常规网络运输成本和枢纽概率失效时的网络运输成本转换为单目标函数，建立单分配枢纽选址模型，给出一种基于遗传算法的求解方法。以上研究虽然考虑了枢纽概率失效问题，但均假设最多有一个枢纽失效，事实上将问题过于简化，且枢纽概率失效和最多有一个枢纽失效本身是相互矛盾的。例如，对于一个含有 10 个枢纽的网络，如果各枢纽可靠性均为 0.7，那么枢纽失效个数的期望是 3，这时假设最多有 1 个枢纽失效是不合理的。通常情况下，当枢纽失效时，该枢纽产生的流量可以通过其他枢纽来承担，经由该枢纽的流量可以选择其他路线。Azizi 等人对枢纽失效后的假设也不尽合理，如果某枢纽原来负担的流量全部由网络中的另一备用枢纽承担，极容易造成枢纽超负荷和道路拥堵。另外，上述研究对失效概率的处理是将其直接转化为数学期望，不适用于不同枢纽具有不同失效概率的情况。

当枢纽以某种概率失效时，网络中具体哪个枢纽失效是随机的，枢纽失效后能否找到合适的备用枢纽和备用路线也是未知的，这就使传统枢纽选址问题变得异常复杂且难以用数值方法求解。鉴于此，本章提出采用蒙特卡罗方法处理这种随机问题，首先建立含有可靠性的枢纽选址随机规划模型，然后基于枢纽可靠性产生随机数，并与枢纽的状态相对应，利用蒙特卡罗试验对目标函数进行估计，并基于禁忌搜索求解。通过与基准模型在应对不同失效概率时网络弹性的对比来说明所提出模型的优越性。

4.1　问题描述及假设

本章的弹性运输网络同样采用无容量约束多分配轴辐式网络，如图 4-1 所示。当网络威胁不明朗或受极端气象条件、自然灾害、交通状况等不确定因素影响时，运输网络中的枢纽失效模式一般以随机失效为主。研究假设当网络中某枢纽失效后，其功能将全部丧失，且短时间内不能恢复，但该节点处产生的流量和到达该节点的流量不会消失，即该节点由枢纽节点变成了非枢纽节点，经过该枢纽的交通流选择网络中的其他正常工作的枢纽作为备用枢纽，对运输路线进行重新规划，路线重新规划时遵循最短路原则。例如，若图 4-1 中起讫点对为 (n_1, n_4) 的交通流原本经由枢纽对 (p_1, p_4) 运输，当枢纽 p_1 失效而其他枢纽正常时，该交通流既可以采用 $n_1 \to p_2 \to p_4 \to n_4$ 路线进行两枢纽式运输，也

可以采用 $n_1 \to p_3 \to n_4$ 路线进行一站式单枢纽转运，具体采用何种路线取决于哪条路线的运输成本更低。由于非枢纽节点间不能直接相连，如果网络中某对起讫点找不到合适的枢纽转运，则认为其流量损失，损失成本以惩罚系数乘以直接运输的成本量度。建立数学模型时基于以下假设。

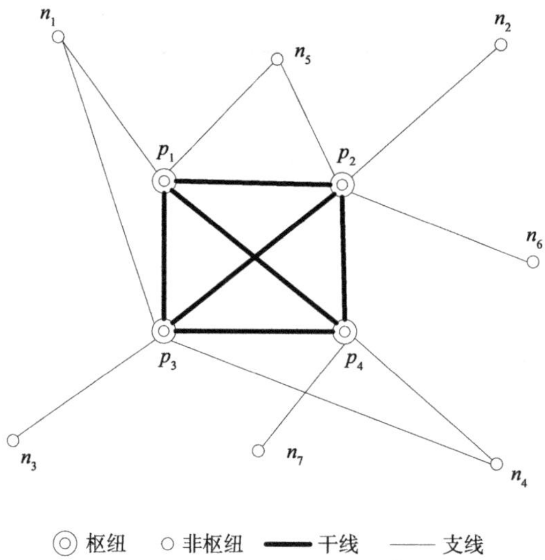

图 4-1　多分配轴辐式网络

（1）一个非枢纽节点可以与多个枢纽节点相连，非枢纽节点间不能直接相连。

（2）枢纽间采用干线运输时，运输成本存在一个折扣系数。

（3）枢纽随机失效，但枢纽的可靠性（对应失效概率）已知。

（4）运输范围内交通网络很发达，当部分枢纽失效后，非枢纽节点能与任意现存枢纽直接相连。

（5）路线规划和应急调度时遵循最短路原则。

4.2 模型参数及变量

本章用到的模型参数及变量如下。

$N=\{1,2,\cdots,n\}$ 是所有节点的集合。

H 是所有枢纽节点的集合。

p 是枢纽个数。

$\boldsymbol{W}=(w_{ij})$ 是流量矩阵，w_{ij} 为起讫点间的流量，$w_{ii}=0$，$i\in N$，$j\in N$。

c_{ij} 是节点 i 到节点 j 运输时的单位成本，$c_{ii}=0$。

α 是当枢纽对间进行干线运输时的成本折扣系数。

$C_{ijkm}=c_{ik}+\alpha c_{km}+c_{mj}$ 是节点 i 到节点 j 通过枢纽对（k，m）运输时的单位成本。

$C_{ijqs}=c_{iq}+\alpha c_{qs}+c_{sj}$ 是重新规划路线后的单位运输成本。

r_k 是枢纽 k 的可靠性，$0<r_k<1$。

r_{km} 是枢纽对 (k,m) 的可靠性。当 $k\neq m$ 时，有 $r_{km}=r_k\cdot r_m$；当 $k=m$ 时，有 $r_{km}=r_k=r_m$。

$s=(s_1,s_2,\cdots,s_p)$ 是枢纽集 0-1 状态向量，枢纽正常时 $s_i=1$，失效时 $s_i=0$。

ξ 是随机变量，表示当网络中某节点对所经过的枢纽失效时，能在原网络中找到备用枢纽和备用路线的概率，$0\leqslant\xi\leqslant1$。

φ 是惩罚系数，表示当某节点对间的物资由于枢纽失效而无法运输时造成流量损失的惩罚成本，本章中 $\varphi=10$。

y_k 是决策变量，表示节点 k 是否被选为枢纽。

X_{ijkm} 是决策变量，表示节点 i 到节点 j 是否通过枢纽对（k，m）运输。

U_{ijqs} 是决策变量，表示节点 i 到节点 j 是否通过备用枢纽对（q，s）运输。

T是蒙特卡罗试验重复次数。

C_t是给定枢纽失效概率时第t次枢纽特定状态下的总运输成本。

$E(C)\approx\frac{1}{T}\sum_{t=1}^{T}C_t$是采用蒙特卡罗方法得到的某失效概率下运输网络的期望运输成本估计。

4.3 基准模型与随机规划模型

为了说明网络设计时考虑枢纽可能失效的重要性，首先给出正常状态下（不考虑枢纽失效时）的多分配枢纽选址模型，并以此作为基准模型；然后提出考虑枢纽概率失效的随机规划模型，通过比较二者在不同枢纽可靠性下的网络弹性来说明所提出模型的优势。

4.3.1 基准模型

记N为网络中所有节点的集合，不考虑枢纽失效时的p中值多分配无容量约束网络枢纽选址模型Ⅰ为

$$\min\ C=\sum_{i\in N}\sum_{j\in N}\sum_{k\in N}\sum_{m\in N}w_{ij}X_{ijkm}C_{ijkm} \tag{4-1}$$

$$\text{s.t.}\quad \sum_{k\in N}y_k=p \tag{4-2}$$

$$\sum_{k\in N}\sum_{m\in N}X_{ijkm}=1\quad \forall i,j\in N \tag{4-3}$$

$$X_{ijkm}\leqslant y_k\quad \forall i,j,k,m\in N \tag{4-4}$$

$$X_{ijkm}\leqslant y_m\quad \forall i,j,k,m\in N \tag{4-5}$$

$$y_k,X_{ijkm}\in\{0,1\}\quad \forall i,j,k,m\in N \tag{4-6}$$

式（4-1）为目标函数，表示运输网络在正常状态下的总成本最小。式

（4-2）为枢纽个数约束，共建设p个枢纽。式（4-3）为运输模式约束，对于任一对起讫点，只能通过一对（或一个）枢纽进行运输。式（4-4）和式（4-5）表示只有建设枢纽，才会有基于该枢纽对运输的路线选择。式（4-6）为 0-1 整数约束。

4.3.2　枢纽概率失效时的随机规划模型

考虑枢纽失效概率的运输网络枢纽选址随机规划模型 II 为

$$\begin{aligned}\min\ E(C)=&\sum_{i\in N}\sum_{j\in N}\sum_{k\in N}\sum_{m\in N}w_{ij}r_{km}X_{ijkm}C_{ijkm}+\\&\sum_{i\in N}\sum_{j\in N}\sum_{q\in N}\sum_{s\in N}w_{ij}(1-r_{km})\xi U_{ijqs}C_{ijqs}+\\&\sum_{i\in N}\sum_{j\in N}\sum_{k\in N}\sum_{m\in N}\sum_{q\in N}\sum_{s\in N}w_{ij}(1-r_{km})(1-\xi)\varphi c_{ij}\end{aligned}\tag{4-7}$$

使其满足式（4-2）至式（4-6），且

$$\sum_{k\in N}\sum_{m\in N}X_{ijkm}+\sum_{q\in N}\sum_{s\in N}U_{ijqs}=1\quad\forall i,j\in N\tag{4-8}$$

$$U_{ijqs}\leqslant y_q\quad\forall i,j,q,s\in N\tag{4-9}$$

$$U_{ijqs}\leqslant y_s\quad\forall i,j,q,s\in N\tag{4-10}$$

$$U_{ijqs}\in\{0,1\}\quad\forall i,j,q,s\in N\tag{4-11}$$

式（4-7）为目标函数，表示运输网络期望总运输成本最小，等号右侧第一项为所有枢纽均未失效时的期望运输成本，第二项为因网络枢纽失效而受到影响的交通流重新规划路线后的期望运输成本，第三项为在网络中找不到可行的备用路线时交通流损失的惩罚成本。式（4-8）为路线约束，在特定状态下，任意节点对只能通过一条路线运输。式（4-9）和式（4-10）表示重新规划路线时，只有枢纽对均未失效，才会有基于该枢纽对的路线选择。式（4-11）为 0-1 整数约束。

上述两个模型相互联系，当枢纽对可靠性r_{km}均为1时，不存在枢纽失效的情况，式（4-7）等号右侧后两项为0，此时模型Ⅱ可简化成模型Ⅰ。

4.4 期望运输成本的蒙特卡罗估计及弹性计算

当运输网络中的枢纽以某概率随机失效时，可以基于Floyd最短路算法采用蒙特卡罗方法对运输网络期望运输成本进行估计，在此基础上计算网络弹性，具体方法如下。

记运输网络初始枢纽集为$H=\{h_1,h_2,\cdots,h_p\}$，构造图$G=(N,E)$，其中$N=\{1,2,\cdots,n\}$，$e_{ij}\in E$为图G中的边。e_{ij}的长度d_{ij}定义如下：

$$d_{ij}=\begin{cases}\alpha c_{ij} & \forall i,j\in H,i\neq j\\ c_{ij} & \forall i\in H,j\notin H\vee i\notin H,j\in H\\ \varphi c_{ij} & \forall i,j\notin H\\ 0 & \forall i=j\end{cases}\tag{4-12}$$

令网络的初始权矩阵为$\boldsymbol{D}=(d_{ij})_{n\times n}$，路由矩阵为$\boldsymbol{R}=(r_{ij})_{n\times n}$，其中$r_{ij}$中的$j$表示节点$i$到节点$j$最短路所经过的第一个点的下标。当没有枢纽失效时，任意起讫点的最短路及单位运输成本矩阵可以基于Floyd最短路算法计算。具体步骤如下。

（1）输入权矩阵$\boldsymbol{D}^{(0)}=\boldsymbol{D}$，路由矩阵$\boldsymbol{R}^{(0)}=\boldsymbol{R}$。

（2）计算$\boldsymbol{D}^{(k)}=(d_{ij}^{(k)})_{n\times n}\quad(k=1,2,\cdots,n)$，其中$d_{ij}^{(k)}=\min\left[d_{ij}^{(k-1)},d_{ik}^{(k-1)}+d_{kj}^{(k-1)}\right]$；计算$\boldsymbol{R}^{(k)}=(r_{ij}^{(k)})_{n\times n}\quad(k=1,2,\cdots,n)$，其中$r_{ij}^{(k)}=\begin{cases}r_{ij}^{(k-1)}, & d_{ij}^{(k-1)}\leqslant d_{ik}^{(k-1)}+d_{kj}^{(k-1)}\\ r_{ik}^{(k-1)}, & d_{ij}^{(k-1)}>d_{ik}^{(k-1)}+d_{kj}^{(k-1)}\end{cases}$。

（3）$\boldsymbol{D}^{(n)}=(d_{ij}^{(n)})_{n\times n}$中的元素就是任意两点间的最短路的权重，$\boldsymbol{R}^{(n)}=(r_{ij}^{(n)})_{n\times n}$中的元素$r_{ij}^{(n)}$就是节点$i$到节点$j$最短路的第一条弧的终端点的下标，非枢纽与枢纽的分配关系可以通过该矩阵获得，$i\to j$的最短路径

为 $i \rightarrow r_{ij}^{(n)} \rightarrow r_{ji}^{(n)} \rightarrow j$。

通过上述迭代过程可获得枢纽未失效时最优分配路线下的整体成本矩阵 $\boldsymbol{C} = \boldsymbol{D}^{(n)}$，网络运输成本为

$$C_{\text{before}} = \sum_i \sum_j \boldsymbol{W}. \times \boldsymbol{C} \tag{4-13}$$

考虑枢纽以某概率随机失效的情形，记 $s = (s_1, s_2 \cdots, s_p)$ 为枢纽集 0-1 状态向量，枢纽正常时 $s_i = 1$，失效时 $s_i = 0$。设计一种蒙特卡罗试验，试验共进行 T 次，每次产生 p 个服从 [0，1] 区间均匀分布的随机数，记为 ε_i；然后与枢纽的可靠性 r_i 对比，若 $\varepsilon_i > r_i$，则 $s_i = 0$，否则 $s_i = 1$。第 t 次试验时，枢纽集的状态为 s_t，将正常工作的枢纽集记为 H_t。将 H_t 代入式（4-12）得到第 t 次试验时运输网络的权矩阵，重复前述算法，计算得到第 t 次试验时运输网络运输成本 C_t。采用蒙特卡罗方法得到的某失效概率下运输网络的期望运输成本估计为

$$E(C_{\text{after}}) \approx \frac{1}{T} \sum_{t=1}^{T} C_t \tag{4-14}$$

根据第 3 章弹性的定义，特定枢纽失效概率下运输网络的期望弹性为

$$E(R) = \frac{C_{\text{before}}}{E(C_{\text{after}})} = \frac{\sum_i \sum_j \boldsymbol{W}. \times \boldsymbol{C}}{\frac{1}{T} \sum_{t=1}^{T} C_t} \tag{4-15}$$

4.5　基于 MC 方法的禁忌搜索算法

模型Ⅱ属于含有随机变量的组合优化问题，用传统定量方法和规划软件求解非常困难，本章采用基于蒙特卡罗方法的禁忌搜索对模型求解。解产生的基本思路如下：随机产生一组节点，将前 p 个节点作为初始枢纽解集；解的邻域采用 2-swap 交换来构造，即采用将一个非枢纽节点与枢纽节点对换的方法来

构造邻域空间；以给定枢纽集时的网络期望成本（式（4-14））作为评价函数。

在寻优过程中，接受当前解中的一个枢纽节点与非枢纽节点进行的交换称为一次移动。移动规则如下：对当前解的邻域内的所有解，根据评价函数对其进行排序并将其作为候选解；若评价函数值最小的候选解产生的移动不在禁忌表中，或者即使在禁忌表中但满足特赦准则，则接受该次移动，并更新当前解，进行下一次迭代，否则对下一个候选解进行判断；若所有的候选解都被禁忌，则选取其中最好的解作为新的当前解，进行下一次迭代。需要指出的是，每次移动均要进行蒙特卡罗试验。

寻优过程中的禁忌规则、禁忌表更新、禁忌长度、特赦准则等参见第 2 章关于禁忌搜索的算法设计，本章不再赘述。基于 MC 方法的禁忌搜索算法的具体步骤如下。

（1）设置禁忌表为空，设置算法的最大运行次数 *Max Run*、每次运行最大迭代次数 *Max Iteration* 和最优解连续不变的最大迭代次数 *Max Count*，设置节点禁忌频率矩阵为零矩阵。

（2）产生初始解，记当前解为初始解，令最优解为当前解。

（3）产生当前解的邻域，对于邻域内每一组枢纽集，利用前述蒙特卡罗试验的方法对其相应的评价函数值进行估计，根据评价函数值进行排序，将其作为候选解。

（4）判断最好的候选解是否优于最优解，若是则转步骤（7），否则转步骤（5）。

（5）判断所有解是否都被禁忌，若是则选择最好的候选解作为当前解，否则将非禁忌的最好候选解作为当前解，转步骤（6）。

（6）更新当前解、禁忌表和禁忌频率，迭代次数 *Iteration*+1，最优解连续不变的迭代次数 *Count*+1。

（7）将该解作为当前解，并更新最优解、禁忌表和禁忌频率，迭代次数 *Iteration*+1。

（8）若迭代次数和最优解连续不变的迭代次数均未达到限制，则继续迭代，若已达到限制，运行次数 *Run*+1，并转步骤（9）。

（9）将禁忌频率高的节点排除在外，产生新的初始可行解，进行新的搜索。

（10）运行次数达到最大限制，结束计算，输出结果。

4.6　算例分析与讨论

算例数据采用 20 节点网络，节点的横纵坐标从 [0，1 000] 中抽样产生，见表 4-1。节点的空间分布如图 4-2 所示。节点间的距离矩阵由节点在平面上的欧氏距离计算得到，单位为 km。节点间的流量在 [200，600] 内随机产生，单位为 t。单位运输成本设为 0.6 元 /（t • km）。共需确定 $p=10$ 个枢纽的位置，采用枢纽干线运输时，公路枢纽运输成本折扣系数设为 $\alpha=0.5$ 。

表 4-1　算例运输节点编号及坐标

节点	坐标（X）	坐标（Y）	节点	坐标（X）	坐标（Y）	节点	坐标（X）	坐标（Y）	节点	坐标（X）	坐标（Y）
1	50	900	6	300	200	11	550	50	16	780	650
2	70	560	7	350	400	12	650	530	17	800	460
3	100	300	8	450	500	13	670	360	18	850	800
4	240	950	9	500	750	14	730	200	19	880	120
5	250	600	10	510	310	15	750	790	20	920	920

采用禁忌搜索算法对模型 I 和模型 II 进行求解，基于 MATLAB 7.10 编程实现，在 Intel Core i5 2.20GHz/8.00GB 电脑上运行。禁忌搜索算法中的禁忌长度设为 $t=15$，禁忌频率设为 5，每次运行最大迭代次数为 50 次，每次运行最优解连续不变的最大迭代次数为 20 次，算法共运行 20 次，每种枢纽可靠性水平下的蒙特卡罗试验次数为 10 000 次。

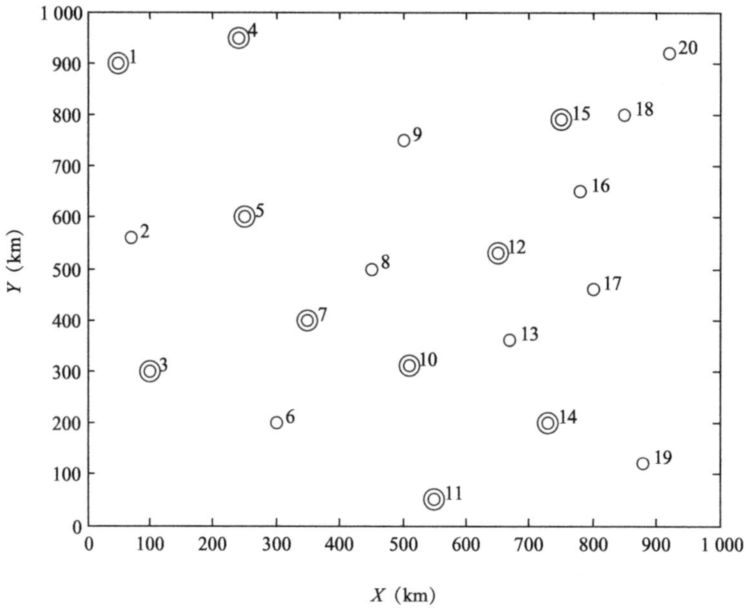

图 4-2　运输节点分布图及常规枢纽选址方案

基准模型Ⅰ属于常规枢纽选址方案，模型求解在 2.8 s 后取得结果，最优枢纽选址方案为 [1，3，4，5，7，10，11，12，14，15]，如图 4-2 中符号◎所示，对应目标函数值为 $3.341\,5\times10^7$ 元。由于在网络设计时事前未考虑枢纽可能失效的情况，模型Ⅰ给出的枢纽选址方案只能保证在无枢纽失效情况下是最优的。当运输网络面临不确定威胁因素时，不同枢纽可靠性水平下该选址方案对应运输网络的期望成本可以通过 4.4 节提出的蒙特卡罗试验的方法进行估计。

如果在运输网络设计初期就事前考虑枢纽随机失效的情况，枢纽选址方案需要通过求解模型Ⅱ得到，表 4-2 给出了不同枢纽可靠性水平下的模型Ⅱ对应的枢纽选址方案、期望运输成本、网络弹性和求解时间，并与常规枢纽选址方案相关结果对比。

表 4-2　不同枢纽可靠性水平下模型 I 、II 结果对比

模型	枢纽可靠性	枢纽集	期望成本（$\times 10^7$ 元）	网络弹性	求解时间（s）
I	1	[1，3，4，5，7，10，11，12，14，15]	3.341 5	1	2.8
II		[1，3，4，5，7，10，11，12，14，15]	3.341 5	1	762.9
I	0.95	[1，3，4，5，7，10，11，12，14，15]	3.459 8	0.965 8	—
II		[1，3，4，5，7，9，10，12，14，15]	3.441 4	0.970 9	1 806.6
I	0.9	[1，3，4，5，7，10，11，12，14，15]	3.583 7	0.932 4	—
II		[1，3，4，5，7，9，10，12，14，15]	3.522 8	0.948 5	4 178.1
I	0.8	[1，3，4，5，7，10，11，12，14，15]	3.858 7	0.866 0	—
II		[3，4，5，7，9，10，12，14，15，17]	3.778 9	0.884 3	6 260.4
I	0.7	[1，3，4，5，7，10，11，12，14，15]	4.170 2	0.801 3	—
II		[3，4，5，7，9，10，12，14，15，16]	4.069 7	0.821 1	7 415.5
I	0.6	[1，3，4，5，7，10，11，12，14，15]	4.542 9	0.735 5	—
II		[4，5，7，9，10，12，13，14，15，16]	4.362 0	0.766 1	8 476.2
I	0.5	[1，3，4，5，7，10，11，12，14，15]	5.024 0	0.665 1	—
II		[4，5，7，8，10，12，13，14，15，16]	4.656 7	0.717 6	9 686.8
I	0.4	[1，3，4，5，7，10，11，12，14，15]	5.816 0	0.574 5	—
II		[5，7，8，9，10，12，13，15，16，17]	5.160 2	0.647 6	11 368.7
I	0.3	[1，3，4，5，7，10，11，12，14，15]	7.432 6	0.449 6	—
II		[4，5，7，8，9，10，12，13，14，16]	6.240 6	0.535 4	13 289.4

从表 4-2 可以看出，当枢纽可靠性为 1 时，即在没有枢纽失效情况下，模型 II 与基准模型 I 结果完全相同，证明了模型 II 的正确性。当枢纽可靠性处于较高水平（$r \geqslant 0.9$）时，模型 II 对应枢纽集与常规枢纽选址方案只有一个枢纽位置不同，期望成本和网络弹性差异不大，模型 II 略优。这是由于模型 II 对应运输网络的总期望运输成本由预定路线期望运输成本、应急规划路线期望运输成本和交通流期望损失成本组成，当枢纽可靠性较高时，预定路线期望运输成本在寻优过程中解的最优性评价中起着主导作用，故此时模型 II 和模型 I 给出的最优枢纽选址方案差异不大。随着枢纽可靠性降低，枢纽随机失效概率增

大，模型Ⅱ给出的枢纽集与不考虑枢纽失效时的枢纽集差异越来越大，期望成本和网络弹性差异增大，采用模型Ⅱ设计的网络要明显优于模型Ⅰ。这是由于当网络中枢纽失效概率增大，枢纽失效个数较多时，运输网络总期望运输成本中应急规划路线期望运输成本和交通流期望损失成本所占比例增大，其在寻优过程中解的最优性评价中主导作用增加。

图 4-3 是枢纽选址时考虑枢纽可能会随机失效（模型Ⅱ）和未考虑枢纽可能会随机失效（基准模型Ⅰ）在不同枢纽可靠性水平下网络弹性对比分析图。从图中可以看出，模型Ⅱ给出的枢纽选址方案对应的网络弹性整体上优于基准模型Ⅰ对应的常规枢纽选址方案，且这种优势随着枢纽失效概率增大越来越明显。因此，在运输网络枢纽选址时考虑枢纽随机失效的因素，根据枢纽可靠性水平合理地确定运输枢纽，可以在一定程度上提高整个运输网络的弹性。

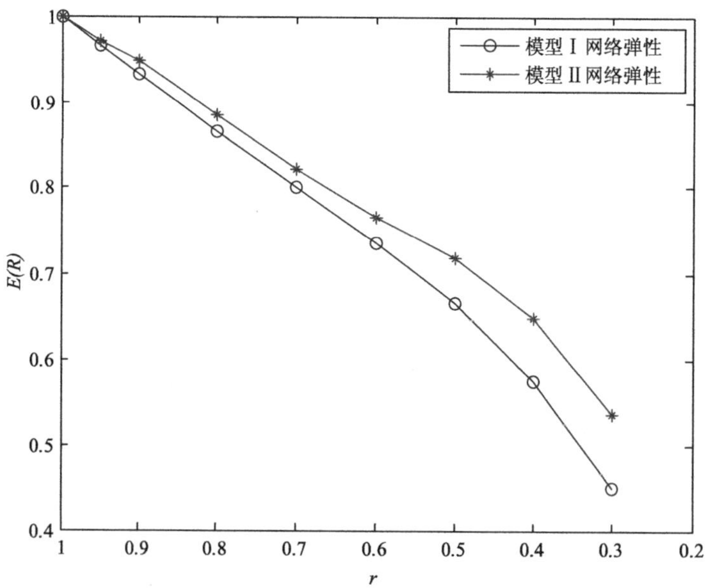

图 4-3　不同枢纽可靠性水平下模型Ⅱ和模型Ⅰ网络弹性对比

需要指出的是，模型Ⅱ的求解时间从十几分钟到 3 个多小时不等，枢纽可靠性越低，求解时间越长，这是由于求解模型Ⅱ需要大量的蒙特卡罗试验，枢纽可靠性越低，可能失效的枢纽越多，对应的枢纽状态组合越多，寻优过程的计算量越大。考虑到模型Ⅱ求解过程运算量巨大，我们在寻优过程中对程序进行了优化，一方面由于非枢纽节点只能与枢纽节点相连，给定枢纽集时的 Floyd 最短路算法仅需迭代 p 次即可；另一方面，通过表 4-2 可以看出，不同枢纽可靠性水平对应的枢纽集的差异随着可靠性降低是逐渐增大的，在使用禁忌搜索算法时可以将上一级可靠性水平下的最优解作为下一级可靠性水平下模型求解时禁忌搜索的初始解，通过上述优化可以大大减少寻优过程中的计算量。另外，当前计算机的运算速度和综合性能都很高，使采用大量蒙特卡罗试验进行参数估计成为可能，模型Ⅱ求解需要的最长时间为 3.7 小时，在网络设计时期这样的求解时间是可以接受的。

本章研究了枢纽随机失效情况下弹性运输网络枢纽选址问题，建立了枢纽选址的随机规划模型，提出了一种基于蒙特卡罗方法和禁忌搜索的求解算法。通过与基准模型在应对不同枢纽失效概率时网络弹性的对比来说明所提出模型的优越性，算例结果表明，将枢纽随机失效的因素提前考虑到运输网络设计中，能在一定程度上提高运输网络应对枢纽随机失效时的弹性。由于运输网络在不同情况下面临的威胁和不确定因素并不相同，与只研究特定枢纽失效的情况相比，研究枢纽随机失效的问题更具有一般性。现有文献中研究枢纽随机失效所提出的模型方法仅适用于最多有一个枢纽失效的情况，而采用蒙特卡罗试验的方法可以模拟任意概率下一组枢纽集的状态，适用于有多个枢纽失效且失效概率不同的情况，因此本书提出的模型方法更具有通用性。

第 5 章　考虑应急预案的弹性运输网络设计策略

第 3 章和第 4 章在研究枢纽失效问题时，对受失效枢纽影响的交通流采取重新规划路径的方式，通过将网络中其他正常工作的枢纽作为临时备用枢纽来完成运输任务。然而，这种重新规划路径的处理方式隐含着原网络所有节点是全连接的假设，即需要重新分配路径的非枢纽节点和需要连接的临时备用枢纽之间原来存在路径，否则无法点对点地直接运输。网络全连接的假设在我国东部交通网络比较发达完善的地区基本上成立，例如唐山至北京、唐山至天津、唐山至石家庄均至少有两条高速公路、铁路和国道直接连接。但是，这种假设在我国西部交通网络不发达地区却难以成立，例如新疆、青海、西藏等地的不少城市之间只有一条公路，青海与西藏的各城市间现有铁路线只有青藏铁路，城市之间不能任意直接点对点运输。因此，利用前面几章基于网络全连接的假设来处理枢纽失效问题，在本质上弱化了枢纽失效对网络性能的影响。

节点连接度是衡量网络弹性（或生存性）的一个重要指标，网络在任意一条路径中断时仍保持连通的基本要求是网络中的任意节点至少有两条边相连，这样的方式称为 2- 连接。轴辐式网络通过积聚和规模效应来提高网络的运输效率并降低运输成本，必然导致网络中枢纽节点和非枢纽节点的连接度以及路网分布的高度不均匀，这种网络结构属于无标度网络，在应对路径中断和节点失效时网络弹性较差。在设计运输网络时，枢纽的选择是依据网络总成本（或时间）确定的，枢纽和非枢纽分配关系代表着网络的最优结构，如果假设枢纽失效时重新规划路径只能在原有路网条件下进行，不能经由原路网中不存在的路径，那么即使采用多分配策略，轴辐式网络中仍会有部分非枢纽节点的连接度为 1，不满足 2- 连接要求，如图 5-1（a）所示中的 n_2、n_3、n_6、n_7 节点，当与这些节点连接的枢纽失效时，必然会造成交通流的损失。

备份和冗余策略是网络设计中提高系统弹性的基本方法之一，以适当的成本增加来换取网络弹性的提高的思想已在通信网络设计中广泛采用。Gouveia 等人和 Matisziw 等人提出了几种路径保护策略，对网络中任意起讫点间的路线给出专一备用路线或共享备用路线，该策略只考虑了单一路径失效情形，未考虑备用路线同样面临失效的风险。Kim 等人提出在通信网络中额外建设专用备份枢纽并假设备份枢纽不会失效，以网络期望流量最大为目标，提出了通信网络枢纽保护模型。Kim 等人的研究更多地强调了网络的可靠性，而忽略了网络的成本，专用备份枢纽只有在枢纽失效时才启用，采用的备用路线策略是所有节点对一站式通过备份枢纽，此方式必然会造成资源的浪费并大大增加网络的冗余。

一些特定运输任务强调在规定时间内按规定目标完成运输任务，特别是在网络面临局部中断的风险较大时，为保证运输任务的完成，必须有预案和应急管理措施以应对突发情况。与前面几章枢纽失效后临时在网络中选择备用路线不同，本章基于冗余策略，在网络设计时就预设备用路线，对网络中的每一项运输任务，在网络中指定另外一条与原路线不相交的备用路线，并在预设备用路线中断时考虑应急路线调度。这种策略的好处是不用额外建设备份枢纽，预设备用路线有利于决策者在执行任务时快速决策；设计的运输网络中所有节点均满足 2- 连接要求，综合考虑事前预案和事后应急调度使网络应对枢纽和路线中断的能力大大提高。

本章在给出问题描述及假设的基础上，建立考虑预设备用路线和应急调度的枢纽选址随机规划模型，提出一种基于动态规划思想和蒙特卡罗方法的禁忌搜索算法对模型求解，并与第 4 章提出的模型进行比较。

5.1 问题描述及假设

考虑备用路线的弹性运输网络设计思路如图 5-1（a）所示。设图 5-1（a）中 p_1、p_2、p_3、p_4 为运输网络中的枢纽节点，依据最短路原则确定枢纽与非枢纽的分配关系，可得到任意起讫点间的运输主路线。在图 5-1（a）的基础上，对任意起讫点选择与主路线不相交（即经由枢纽不同）的次短路作为备用路线。网络中的运输主路线和备用路线的集合构成含有备用路线的运输网络，如图 5-1（b）所示。图 5-1（b）中任一非枢纽节点至少与 2 个枢纽（含备份枢纽）相连，任意 OD 对间均能找到不相交的路线。当任意 OD 对间的枢纽出现失效时，该 OD 对间的人员与物资首先选择预案中的备用路线进行运输，当预设备用路线也中断时，可以考虑利用现有网络资源进行应急调度，寻找可行的备用路线。例如，图 5-1（b）中 $n_1 \to n_4$ 的运输主路线为 $n_1 \to p_1 \to p_4 \to n_4$，预设备用路线为 $n_1 \to p_3 \to n_4$，主路线与预设备用路线不相交；当这两个节点间的主路线和备用路线均中断时，可以选择 $n_1 \to p_2 \to n_4$ 作为临时备用路线来对运输任务进行应急调度。在一定枢纽失效概率下，可通过最小化网络的总期望运输成本来确定最优枢纽选址方案、运输主路线和备用路线。

本章基本假设与第 2 章常规条件下多分配 p 中值枢纽选址问题的假设相同。另外，在建立预设备用路线与应急调度路线数学模型和对网络弹性进行评价时，还基于以下假设。

（1）当某枢纽失效后，其枢纽功能将全部丧失，且短时间内不能恢复，但该节点处产生的流量和到达该节点的流量不会消失，即该节点由枢纽节点变成了非枢纽节点。

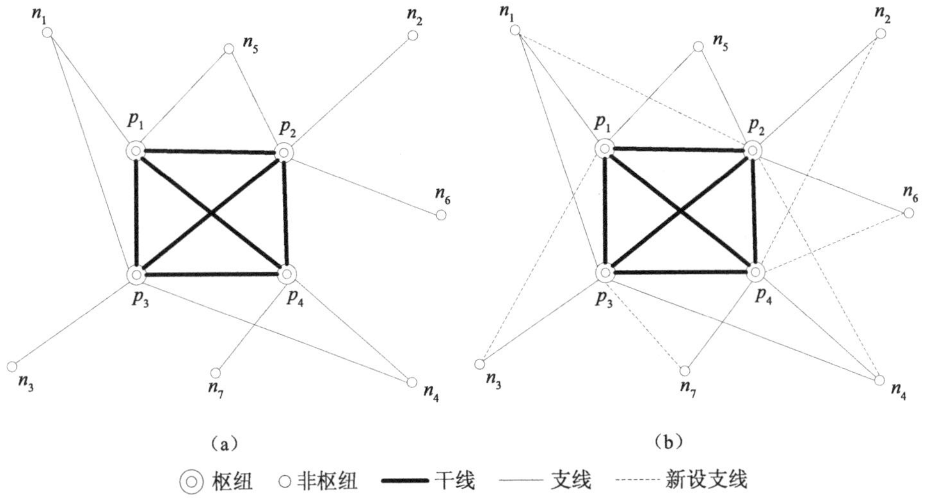

图 5-1　考虑备用路线的弹性运输网络设计思路

（a）运输网络示意图　（b）考虑预设备用路线的运输网络

（2）任意 OD 对间的运输路线选择的次序为主路线、预设备用路线、临时备用路线。

（3）网络设计完成后路网结构也随之确定下来，在重新规划路线时，只能在现有路网条件下进行，而不能经由原本并不存在的路线。

（4）如果网络中某 OD 对找不到合适的枢纽或备份枢纽转运，则认为其流量损失，以损失成本惩罚系数乘以直接运输的成本来量度，惩罚系数的含义是两节点间采用非常规运输方法（如直接点对点空投或临时架设浮桥）运输时引起成本急剧增加的倍数。

5.2　模型参数及变量

本章用到的模型参数及变量如下。

$N=\{1,2,\cdots,n\}$ 是所有节点的集合。

p 是网络中的枢纽个数。

H 是枢纽节点的集合。

$\boldsymbol{R}_1$ 是最短路条件下主路线对应的路由矩阵。

$\boldsymbol{R}_2$ 是预设备用路线对应的路由矩阵。

$\boldsymbol{W}=(w_{ij})$ 是流量矩阵，w_{ij} 为起讫点间的流量，$w_{ii}=0$，$i \in N$，$j \in N$。

$\boldsymbol{C}=(c_{ij})$ 是节点间直接运输时的单位成本矩阵，$c_{ii}=0$。

α 是当枢纽对间进行干线运输时的成本折扣系数。

$C_{ijkm}=c_{ik}+\alpha c_{km}+c_{mj}$ 是节点 i 到节点 j 通过枢纽对（k，m）运输时的单位成本。

$C_{ijqs}=c_{iq}+\alpha c_{qs}+c_{sj}$ 是节点 i 到节点 j 通过备用枢纽对（q，s）运输时的单位成本。

S_1 是所有起讫点间主路线的集合。

S_2 是所有起讫点间备用路线的集合。

r_k 是枢纽 k 的可靠性，$0<r_k<1$。

r_{km} 是枢纽对 (k,m) 的可靠性。当 $k \neq m$ 时，有 $r_{km}=r_k \cdot r_m$；当 $k=m$ 时，有 $r_{km}=r_k=r_m$。

ξ 是随机变量，表示当某节点对主路线和预设备用路线均失效时，能找到可行的临时备用路线的概率。

φ 是惩罚系数，表示当某节点对间的物资由于枢纽失效而无法运输时流量损失的惩罚成本，本章中 $\varphi=5$。

y_k 是决策变量，表示节点 k 是否为枢纽。

z_q 是决策变量，表示节点 q 是否被指定为备用枢纽。

X_{ijkm} 是决策变量，表示节点 i 到节点 j 是否通过枢纽对（k，m）运输。

X_{ijqs} 是决策变量，表示节点 i 到节点 j 是否通过备用枢纽对（q，s）运输。

X_{ijuv} 是决策变量，表示节点 i 到节点 j 是否通过备用枢纽对（u，v）运输。

5.3　考虑事前预案和事后调度的随机规划模型

将含备用路线无容量约束的多分配枢纽选址模型记为模型Ⅲ，有

$$\begin{aligned}\min\ E(C)=&\sum_{i\in N}\sum_{j\in N}\sum_{k\in N}\sum_{m\in N}w_{ij}r_{km}X_{ijkm}C_{ijkm}+\\&\sum_{i\in N}\sum_{j\in N}\sum_{q\in N}\sum_{s\in N}w_{ij}(1-r_{km})r_{qs}X_{ijqs}C_{ijqs}+\\&\sum_{i\in N}\sum_{j\in N}\sum_{q\in N}\sum_{s\in N}w_{ij}(1-r_{km})(1-r_{qs})\xi U_{ijuv}C_{ijuv}+\\&\sum_{i\in N}\sum_{j\in N}\sum_{k\in N}\sum_{m\in N}\sum_{q\in N}\sum_{s\in N}w_{ij}(1-r_{km})(1-r_{qs})(1-\xi)\varphi c_{ij}\end{aligned}\tag{5-1}$$

s.t.

$$\sum_{k\in N}y_k=p\tag{5-2}$$

$$\sum_{k\in N}\sum_{m\in N}X_{ijkm}=1\quad\forall i,j\in N\tag{5-3}$$

$$\sum_{q\in N}\sum_{s\in N}X_{ijqs}=1\quad\forall i,j\in N\tag{5-4}$$

$$y_k+z_k\leqslant 1\quad\forall k\in N\tag{5-5}$$

$$X_{ijkm}\leqslant y_k\quad\forall i,j,k,m\in N\tag{5-6}$$

$$X_{ijkm}\leqslant y_m\quad\forall i,j,k,m\in N\tag{5-7}$$

$$X_{ijqs}\leqslant z_q\quad\forall i,j,q,s\in N\tag{5-8}$$

$$X_{ijqs}\leqslant z_s\quad\forall i,j,q,s\in N\tag{5-9}$$

$$X_{ijkm}\leqslant X_{ijqs},\ X_{ijkm}\in S_1,\ X_{ijqs}\in S_2\tag{5-10}$$

$$\sum_{q\in N}\sum_{s\in N}X_{ijqs}+\sum_{u\in N}\sum_{v\in N}U_{ijuv}=1\quad\forall i,j,q,s,u,v\in N\tag{5-11}$$

$$U_{ijuv}\leqslant y_u\quad\forall i,j,u,v\in N\tag{5-12}$$

$$U_{ijuv}\leqslant y_v\quad\forall i,j,u,v\in N\tag{5-13}$$

$$y_k, z_k, y_u, U_{ijuv}, X_{ijkm}, X_{ijqs} \in \{0,1\} \quad \forall i, j, k, m, q, s, u, v \in N \tag{5-14}$$

式（5-1）为目标函数，表示运输网络期望总运输成本最小，等号右侧第一项为采用主路线运输时的网络期望运输成本，第二项为采用预设备用路线运输时的期望运输成本，第三项为当主路线和备用路线均中断应急调度采用临时备用路线运输时的期望运输成本，第四项为找不到可行的运输路线时交通流的期望损失成本。式（5-2）为枢纽个数约束，共建设p个枢纽。式（5-3）和式（5-4）为运输模式约束，对于任一对起讫点，均有两条通过枢纽的运输路线。式（5-5）为枢纽形式约束，主路线和预设备用路线的枢纽不能重复。式（5-6）至式（5-9）表示只有枢纽没有失效，才会有基于该枢纽对运输的路线选择。式（5-10）为备用路线约束，任一主路线X_{ijkm}均有至少一条与之不相交的备用路线X_{ijqs}。式（5-11）表示当主路线中断时如果预设备用路线正常，则不需要再寻找临时应急备用路线。式（5-12）和式（5-13）表示只有枢纽对均未失效时，才会有基于该枢纽对的路线选择。式（5-14）为 0-1 整数约束。

当枢纽对的可靠性r_{km}均为 1 时，即不存在枢纽失效的情况下，式（5-1）等号右侧后三项均为 0，此时模型Ⅲ同样可简化成模型Ⅰ。

5.4　枢纽失效或路径中断时运输网络路权的变化

将运输网络中的枢纽集记为$H=\{h_1,h_2,\cdots,h_p\}$，最短路条件下节点间的路由矩阵记为$\boldsymbol{R}_1$，记网络中的部分枢纽失效后仍正常工作的枢纽集为H'。如果网络中无预设备用路线且重新规划路径只能在现有路线上进行，采用最短路算法时网络初始的路权需依据下式计算：

$$d_{ij}=\begin{cases}\alpha c_{ij} & \forall\, i,j\in H', i\neq j\\ c_{ij} & \forall i\in H', j\notin H', \boldsymbol{R}_1(i,j)=j \;\cup\; \forall j\in H', i\notin H', \boldsymbol{R}_1(j,i)=i\\ 0 & \forall i=j\\ \varphi c_{ij} & \text{其他}\end{cases} \tag{5-15}$$

式中：第一项为处于正常状态的枢纽对间的单位运输成本，第二项为当节点 i 和节点 j 只有一个属于枢纽且在路网设计时路由矩阵 $\boldsymbol{R}_1$ 中两节点存在连接时节点间的单位运输成本。

如果网络中含有预设备用路线，记预设备用路线对应路由矩阵为 $\boldsymbol{R}_2$，重新规划路线时的网络初始路权为

$$d_{ij}=\begin{cases}\alpha c_{ij} & \forall\, i,j\in H',i\neq j\\ c_{ij} & \forall i\in H',j\notin H',\boldsymbol{R}_1(i,j)=j\ \cup\ \forall j\in H',i\notin H',\boldsymbol{R}_1(j,i)=i\\ c_{ij} & \forall i\in H',j\notin H',\boldsymbol{R}_2(i,j)=j\ \cup\ \forall j\in H',i\notin H',\boldsymbol{R}_2(j,i)=i\\ 0 & \forall i=j\\ \varphi c_{ij} & \text{其他}\end{cases}\tag{5-16}$$

式中：第一项为处于正常状态的枢纽对间的单位运输成本，第二项为当节点 i 和节点 j 只有一个属于枢纽且在路网设计时路由矩阵 $\boldsymbol{R}_1$ 中两节点存在连接时节点间的单位运输成本，第三项为当节点 i 和节点 j 只有一个属于枢纽且在路网设计时预设备用路由矩阵 $\boldsymbol{R}_2$ 中两节点存在连接时节点间的单位运输成本。

当网络中的某路径中断时，重新规划路径时只需将该路径路权设为初值与惩罚系数的积即可。

5.5　基于 MC 方法和 DP 思想的禁忌搜索算法

现有文献研究失效问题时一般将失效概率转化为数学期望，尽管模型Ⅲ中主路线运输的期望运输成本和预设备用路线运输的期望运输成本可以通过枢纽可靠性来直接计算，但由于模型中含有未知随机变量 ξ，应急调度的期望运输成本和交通流损失期望成本无法直接计算，需要用第 4 章提出的蒙特卡罗方法来进行估计。由于模型Ⅲ相当复杂，可行解的构造是设计启发式算法的一个关键问题。考虑到在枢纽失效前后运输路线的选择是一个前后关联的多阶段决策

问题，可行解的构造可用动态规划的思想分阶段逐步确定：给定一组枢纽集，先优化主路线，再优化备用路线，确定网络结构，最后优化应急调度路线。模型的可行解由枢纽集、主路线、备用路线和应急调度路线组成。对于任意一组可行解，可以采用蒙特卡罗方法对总期望运输成本进行估计，并将其作为寻优过程中解的评价函数。由于模型Ⅲ的顶层问题是枢纽选址问题，属于组合优化问题，因此本章仍基于禁忌搜索框架设计启发式算法，其核心步骤如下。

（1）随机产生一组节点，将前p个节点作为枢纽，记为$H=\left\{h_1,h_2,\cdots,h_p\right\}$，对应网络路权矩阵为$\boldsymbol{D}_0$。

（2）采用 Floyd 最短路算法确定节点间的分配关系，可得网络路由矩阵$\boldsymbol{R}_1$和迭代后的路权矩阵$\boldsymbol{D}_1$，则网络中节点i到节点j间运输的主路线为$i\to\boldsymbol{R}_1(i,j)\to\boldsymbol{R}_1(j,i)\to j$，于是可以得到所有起讫点间的主路线集合$S_1$，采用主路线运输时的成本矩阵$\boldsymbol{C}_1=\boldsymbol{D}_1$，根据主路线是单枢纽运输或双枢纽运输可以得到网络节点间的可靠性矩阵$\boldsymbol{P}_1$。采用主路线运输的期望运输成本为$E(C_{\text{main}})=\sum\limits_i\sum\limits_j\boldsymbol{W}.\times\boldsymbol{P}_1.\times\boldsymbol{C}_1$。

（3）将路权矩阵$\boldsymbol{D}_0$中节点i到节点j间运输的主路线对应路权设为无穷大，然后利用 Dijkstra 算法求$i\to j$的最短路，该路线即为主路线的备用路线，对应路长为备用路线的单位运输成本c_{2ij}。将所有起讫点间备用路线集合记为S_2，对应成本矩阵$\boldsymbol{C}_2=(c_{2ij})$，对应可靠性矩阵为$\boldsymbol{P}_2$；采用预设备用路线运输的期望运输成本为$E(C_{\text{backup}})=\sum\limits_i\sum\limits_j\boldsymbol{W}.\times(1-\boldsymbol{P}_1).\times\boldsymbol{P}_2.\times\boldsymbol{C}_2$。

（4）将主路线集合S_1和备用路线集合S_2合并，得到对应枢纽集下的运输网络结构S。

（5）基于蒙特卡罗方法对给定枢纽集、枢纽可靠性和路网结构为S时的总运输期望成本进行估计。记$\boldsymbol{s}=(s_1,s_2,\cdots,s_p)$为枢纽集的 0-1 状态向量，枢纽正

常时 $s_i=1$，失效时 $s_i=0$。设计一种蒙特卡罗试验，试验共进行 T 次，每次产生 p 个服从 [0，1] 区间均匀分布的随机数，记为 ε_i；然后与枢纽的可靠性 r_i 对比，若 $\varepsilon_i>r_i$，则 $s_i=0$，否则 $s_i=1$。第 t 次试验时，枢纽集的状态为 s_t，将正常工作的枢纽集记为 H_t。将 H_t 代入式（5-16）得到第 t 次试验时运输网络的路权矩阵，运用 Floyd 最短路算法进行迭代得到最短路下的路权矩阵 $\boldsymbol{D}_t$，进而可计算得到第 t 次试验时运输网络总运输成本 $C_t=\sum_i\sum_j \boldsymbol{W}.\times\boldsymbol{D}_t$；观察路权矩阵 $\boldsymbol{D}_t$，如果某节点对间的最短路权 $\boldsymbol{D}_t(i,j)=\varphi c_{ij}$，则表示该节点对间的交通流在现有路网条件下无法找到可行的运输路线，将所有此类节点对的交通流乘以单位损失惩罚成本并求和，可得到第 t 次试验时运输网络交通流损失成本 C_{lt}。对应枢纽集在综合考虑预设备用路线和应急调度时运输网络的期望运输成本估计为

$$E(C_{\text{total}})\approx\frac{1}{T}\sum_{t=1}^{T}C_t \tag{5-17}$$

交通流损失期望成本估计为

$$E(C_{\text{lost}})\approx\frac{1}{T}\sum_{t=1}^{T}C_{lt} \tag{5-18}$$

于是，采用应急调度运输的期望运输成本为

$$E(C_{\text{emerg.}})=E(C_{\text{total}})-E(C_{\text{main}})-E(C_{\text{backup}})-E(C_{\text{lost}}) \tag{5-19}$$

在寻优过程中解的邻域采用 2-swap 交换来构造，即采用将一个非枢纽节点与枢纽节点对换的方法来构造邻域空间。将网络期望总成本（式（5-17））作为适应度函数。

寻优过程的禁忌规则、禁忌表更新、禁忌长度、特赦准则等和第 4 章相同。

5.6 算例分析与讨论

本章算例数据与第 4 章相同，假设网络共建设 7 个枢纽，枢纽失效后路线重新规划只能在现有路网条件下进行，根据模型Ⅲ，分别计算不同可靠性水平下考虑备用路线的枢纽选址方案（H）、主路线期望运输成本（$E(C_{\text{main}})$）、备用路线期望运输成本（$E(C_{\text{backup}})$）、应急调度期望成本（$E(C_{\text{emerg.}})$）、交通流损失期望成本（$E(C_{\text{lost}})$）、总期望运输成本（$E(C_{\text{total}})$）、网络期望弹性（R）和求解时间（t），并与第 4 章提出的无预设备用路线的随机规划模型Ⅱ做对比，结果见表 5-1。

表 5-1　不同枢纽可靠性水平下模型Ⅲ与模型Ⅱ网络性能比较

模型	r	H	$E(C_{\text{main}})$ (×10⁷元)	$E(C_{\text{backup}})$ (×10⁷元)	$E(C_{\text{emerg.}})$ (×10⁷元)	$E(C_{\text{lost}})$ (×10⁷元)	$E(C_{\text{total}})$ (×10⁷元)	R	t
Ⅱ	1	[4，5，7，10，12，14，15]	3.767 2	—	0	0	3.767 2	1	3.3 min
Ⅲ		[4，5，7，10，12，14，15]	3.767 2	0	0	0	3.767 2	1	3.9 min
Ⅱ	0.95	[4，5，7，10，12，14，15]	3.507 4	—	0.451 4	0.150 4	4.109 2	0.916 8	0.42 h
Ⅲ		[4，5，7，10，12，14，15]	3.507 4	0.359 1	0.010 1	0.030 0	3.883 4	0.970 1	0.45 h
Ⅱ	0.9	[4，5，7，10，12，14，15]	3.255 1	—	0.926 2	0.329 1	4.510 5	0.835 7	0.60 h
Ⅲ		[4，5，7，10，12，14，15]	3.255 1	0.619 0	0.082 6	0.032 3	3.989 0	0.944 4	0.72 h
Ⅱ	0.8	[4，5，7，10，12，14，15]	2.773 1	—	1.932 5	0.759 6	5.453 4	0.689 3	1.34 h
Ⅲ		[5，7，9，10，12，14，15]	2.773 1	1.062 5	0.362 1	0.188 3	4.433 4	0.849 7	1.56 h
Ⅱ	0.7	[4，5，7，10，12，13，15]	2.373 3	—	3.019 4	1.303 9	6.696 6	0.562 6	1.78 h
Ⅲ		[4，7，10，11，12，15，17]	2.476 9	1.295 1	0.787 9	0.358 7	4.918 5	0.765 9	1.97 h
Ⅱ	0.6	[4，5，7，10，12，13，15]	1.940 2	—	4.176 5	1.963 9	8.080 6	0.466 2	2.07 h
Ⅲ		[2，7，8，9，10，12，18]	2.080 9	1.421 7	1.460 0	0.597 5	5.560 1	0.677 5	2.23 h
Ⅱ	0.5	[5，7，8，10，12，13，16]	1.614 4	—	6.042 7	3.408 6	11.066	0.340 4	2.18 h
Ⅲ		[3，6，9，10，12，16，17]	1.801 9	1.372 9	2.252 5	0.928 7	6.356 0	0.592 7	2.35 h

续表

模型	r	H	$E(C_{main})$ ($\times 10^7$元)	$E(C_{backup})$ ($\times 10^7$元)	$E(C_{emerg.})$ ($\times 10^7$元)	$E(C_{lost})$ ($\times 10^7$元)	$E(C_{total})$ ($\times 10^7$元)	R	t
Ⅱ	0.4	[5，7，8，10，12，13，16]	1.218 8	—	7.337 9	4.441 1	12.188	0.289 8	2.69 h
Ⅲ		[3，6，9，10，12，16，17]	1.381 2	1.236 6	3.357 6	1.682 9	7.658 3	0.491 9	2.85 h
Ⅱ	0.3	[7，8，9，10，12，13，16]	0.913 0	—	8.046 5	5.357 3	14.317 0	0.263 1	2.94 h
Ⅲ		[3，6，9，10，12，16，17]	0.990 6	1.010 9	4.738 8	2.918 4	9.658 8	0.390 0	3.26 h

当枢纽可靠性较高（$r \geqslant 0.9$）时，表 5-1 中模型Ⅲ和模型Ⅱ给出的枢纽选址方案相同，这是由于当枢纽可靠性较高时，枢纽失效概率较低，期望运输成本主要由主路线期望运输成本构成，在优化求解时，目标函数右侧第一项的值均在解的评价中起主导作用，而两个模型目标函数的右侧第一项相同，故枢纽方案相同。随着枢纽失效概率的增大，期望运输成本构成中的其他项成本所占比例增加，两个模型枢纽选址方案差异增大。

观察表 5-1 中两个模型对应的网络性能参数，在所有枢纽可靠性水平下，模型Ⅲ对应运输网络的总期望运输成本均显著低于模型Ⅱ。模型Ⅱ中仅靠枢纽中断后临时采取应急路线调度策略，随着枢纽可靠性的下降，枢纽失效概率增大，不仅应急调度期望成本明显增加，而且由网络连接度不足引起的交通流损失惩罚成本也快速增加。模型Ⅲ对应运输网络提前基于最短路策略预设了备用路线，当枢纽失效时不但可以首先选择通过备用路线运输，而且由于网络连接度和冗余度的增加，可以尽量避免出现找不到可行的运输路线的情况，同时降低了应急调度期望运输成本和交通流损失期望成本，从而显著改善了运输网络弹性。

表 5-1 中模型Ⅲ的求解时间略长于模型Ⅱ，这是由于在禁忌搜索的移动搜索过程中，对于给定的一组枢纽集，模型Ⅱ只需通过枢纽和非枢纽的分配关系就能确定网络结构，而模型Ⅲ还需要额外计算预设备用路线的路由矩阵，故优

化过程计算量稍大。

图 5-2 给出了不同枢纽可靠性水平下模型Ⅱ与模型Ⅲ对应运输网络弹性变化对比情况。从图中可以看出，尽管模型Ⅲ的对应运输网络弹性整体优于模型Ⅱ，但这种优势随着枢纽可靠性的降低先扩大、再减小，这种规律通过表 5-1 中不同枢纽可靠性水平下两个网络的弹性差值比较也可以发现。这是由于当枢纽可靠性处于较低水平时，枢纽失效个数增加，一方面严重影响了预设备用路线的可达性，另一方面由于网络连接度的下降，受影响的节点间人员与物资的运输需要走更远的距离，使应急路线调度的期望成本快速增加。

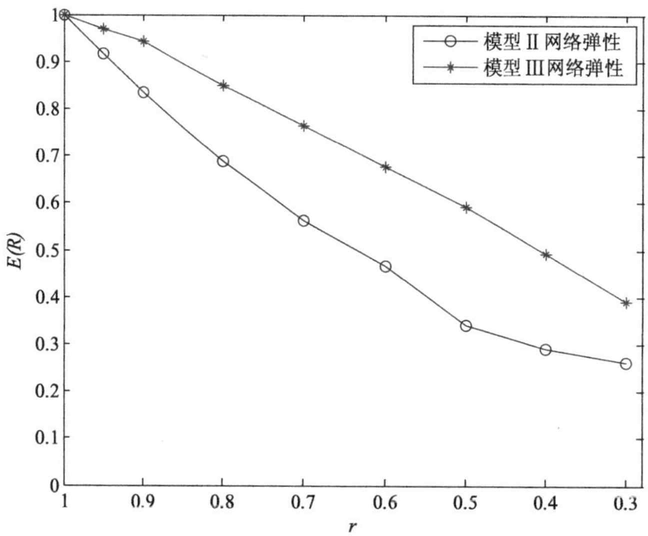

图 5-2　不同枢纽可靠性水平下模型Ⅱ和模型Ⅲ网络弹性对比

将表 5-1 中模型Ⅲ对应运输网络预设备用路线期望运输成本和应急调度期望运输成本与枢纽可靠性的关系绘制在同一张图上，如图 5-3 所示。从图中可以看出，随着枢纽可靠性的降低，预设备用路线承担的运输成本先边际递增、再边际递减（$r<0.6$）。当$r\geqslant 0.6$时，预设备用路线主要承担枢纽失效带来的冲击；当$r<0.6$时，失效事件的冲击主要由应急路线运输调度来吸收，且应急

调度期望运输成本随着枢纽失效概率的增加快速增加。采用预设备用路线和应急调度策略设计的运输网络只能在一定枢纽可靠性水平下保持较好的弹性，当网络威胁严重，枢纽失效概率很高时，必须通过其他弹性管理措施来应对。

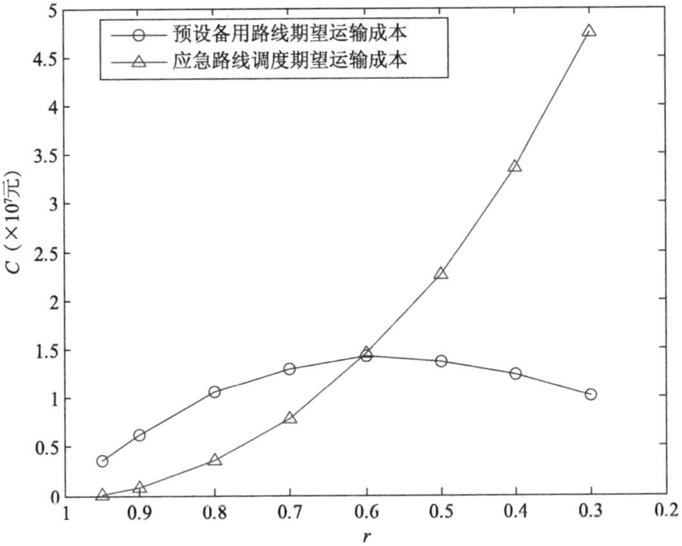

图 5-3　预设备用路线与应急调度路线对应期望运输成本与枢纽可靠性的关系

本章提出的模型可以为已知枢纽可靠性水平时的运输网络设计、运输力量编成和应急预案制定提供决策支持。假设在对网络威胁和各种不确定因素进行综合评估后给出枢纽平均可靠性水平为 0.8，则最优枢纽选址方案为 [5，7，9，10，12，14，15]，其空间分布图如图 5-4 所示。主运输路线路由矩阵如表 5-2 所示；预设备用路线路由矩阵如表 5-3 所示。根据表 5-2 和表 5-3 可以得到任意运输节点间的主路线和备用路线。如节点 1 和节点 20 均为普通节点，主运输路线为双枢纽运输 $1\to9\to15\to20$，备用路线为单枢纽运输 $1\to5\to20$；节点 5 和节点 10 均为枢纽，主路线为枢纽之间的直接运输 $5\to10$，备用路线为经另外一枢纽的转运运输 $5\to7\to10$；普通节点 1 到枢纽节点 9 的主路线为 $1\to9$，备用路线为 $1\to5\to9$。可以看出，任意运输节点间的主路线和备用路线均不相交，当枢纽可靠性水平较高时，因为某节点对的运输主路线和备用路线同时中断的概率很小，所以网络能保持较高弹性；然而当枢纽可靠性较低时，某节点对的主路线和备用路线中的枢纽可能会同时失效，该节点对的运输任务必须通过选择临时应急运输路线来完成，极端情况下则有可能找不到可行的运输路线而导致运输任务失败，造成重大损失。因此，当网络威胁严重或枢纽可靠性水平较低时，应对网络中的关键枢纽采取保护或加强策略，尽可能避免出现枢纽大面积失效的情况。

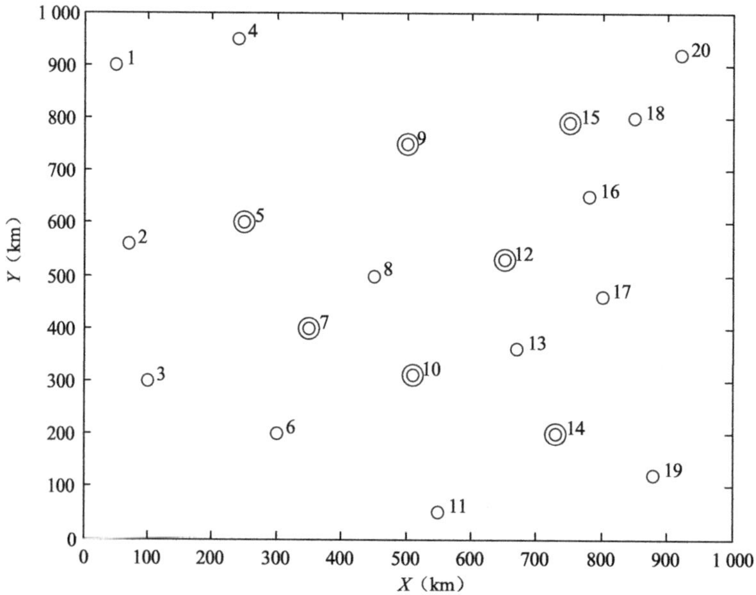

图 5-4　在 0.8 可靠性水平下枢纽选址方案空间分布图

表 5-2　主路线路由矩阵

n	1	2	3	4	5	6	7	8	9	10	11	12	13	14	15	16	17	18	19	20
1	1	5	5	5	5	5	5	5	9	5	5	5	5	5	9	5	5	9	5	9
2	5	2	5	5	5	5	5	5	5	5	5	5	5	5	5	5	5	5	5	5
3	5	5	3	5	5	7	7	7	7	7	7	7	7	7	7	7	7	7	7	7

续表

n	1	2	3	4	5	6	7	8	9	10	11	12	13	14	15	16	17	18	19	20
4	5	5	5	4	5	5	5	5	9	5	5	9	9	9	9	9	9	9	9	9
5	1	2	3	4	5	7	7	8	9	10	10	12	10	14	15	12	12	15	14	15
6	7	7	7	7	7	6	7	7	7	10	10	10	10	10	7	10	10	7	10	7
7	5	5	3	5	5	6	7	8	9	10	10	12	10	14	15	12	12	15	14	15
8	5	5	7	5	5	7	7	8	9	10	10	12	10	10	12	12	12	12	10	12
9	1	5	7	4	5	7	7	8	9	10	10	12	12	14	15	15	12	15	14	15
10	5	5	7	5	5	6	7	8	9	10	11	12	13	14	15	12	12	15	14	15
11	10	10	10	10	10	10	10	10	10	10	11	10	14	14	14	10	14	14	14	14
12	5	5	7	9	5	10	7	8	9	10	10	12	13	14	15	16	17	15	14	15
13	10	10	10	12	10	10	10	10	12	10	14	12	13	14	12	12	12	12	14	12
14	5	5	7	9	5	10	7	10	9	10	11	12	13	14	15	12	17	15	19	15
15	9	5	7	9	5	7	7	12	9	10	14	12	12	14	15	16	12	18	14	20
16	12	12	12	15	12	12	12	12	15	12	12	12	12	12	15	16	12	15	12	15
17	12	12	12	12	12	12	12	12	12	12	14	12	12	14	12	12	17	12	14	12
18	15	15	15	15	15	15	15	15	15	15	15	15	15	15	15	15	15	18	15	15
19	14	14	14	14	14	14	14	14	14	14	14	14	14	14	14	14	14	14	19	14
20	15	15	15	15	15	15	15	15	15	15	15	15	15	15	15	15	15	15	15	20

表 5-3　备用路线路由矩阵

n	1	2	3	4	5	6	7	8	9	10	11	12	13	14	15	16	17	18	19	20
1	1	7	7	9	9	10	7	7	5	7	7	9	12	9	5	9	9	5	10	5
2	7	2	7	9	7	10	7	7	9	7	7	7	7	7	9	9	7	9	7	9
3	7	7	3	7	7	10	5	5	5	10	14	5	12	10	5	10	10	12	10	9
4	9	9	7	4	9	9	9	9	5	9	7	5	5	5	15	12	15	12	12	12
5	9	7	7	9	5	6	10	7	7	7	7	7	12	10	9	15	10	9	10	9
6	10	10	10	9	5	6	10	10	10	7	7	7	7	7	10	7	7	12	7	12
7	1	2	5	9	10	10	7	10	5	12	11	10	13	10	12	15	10	12	10	12
8	7	7	5	9	7	10	10	8	7	7	7	7	12	7	9	9	10	9	12	9
9	5	2	5	5	7	10	5	7	9	12	14	15	10	12	12	16	17	18	12	20
10	7	7	3	9	7	7	12	7	12	10	14	7	14	12	12	15	17	12	19	12

续表

n	1	2	3	4	5	6	7	8	9	10	11	12	13	14	15	16	17	18	19	20
11	7	7	14	7	7	7	7	7	14	14	11	14	10	10	10	14	10	12	10	12
12	9	7	5	5	7	7	10	7	15	7	14	12	10	10	9	15	14	18	19	20
13	12	7	12	5	12	7	7	12	10	14	10	10	13	10	10	15	14	10	10	9
14	9	7	10	5	10	7	10	7	12	12	10	10	10	14	12	15	12	12	10	12
15	5	9	5	4	9	10	12	9	12	12	10	9	10	12	15	12	17	12	12	9
16	9	9	10	12	15	7	15	9	9	15	14	15	15	15	12	16	15	12	15	12
17	9	7	10	15	10	7	10	10	9	10	10	14	14	12	15	15	17	9	12	9
18	5	9	12	12	9	12	12	9	9	12	12	12	10	12	12	12	9	18	12	20
19	10	7	10	12	10	7	10	12	12	10	10	12	10	10	12	15	12	12	19	12
20	5	9	9	12	9	12	12	9	9	12	12	12	9	12	9	12	9	18	12	20

将表 5-2 对应的运输路线主路线集和表 5-3 对应的备用路线集合并，可以得到模型Ⅲ对应的整体运输网络结构。需要指出的是，尽管考虑预设备用路线能大大增加网络的连接度，使网络弹性显著提高，然而由于枢纽间全连接的假设和主路线与备用路线不能相交的设计约束，使网络路线冗余度较大，交通建设成本较高。一方面，枢纽间全连接的假设适用于枢纽个数较少的情况，不适用于枢纽个数较多的情况，如当网络中建设 4 个枢纽时，需要建设 6 条干线；当网络中建设 7 个枢纽时，需要建设 21 条干线；当网络中建设 15 个枢纽时，需要建设 105 条干线。实际上，运输成本和干线建设成本之间需要一个权衡，如图 5-4 中枢纽节点 7、10、14 基本在一条直线上，在建设干线时只需要建设 $7\leftrightarrow 10$、$10\leftrightarrow 14$ 即可，$7\leftrightarrow 14$ 直达干线的建设必要性不大。另一方面，由于在设计预设备用路线时是基于空间上的次短路原则，导致网络中支线冗余较大。基于上述分析，当网络中的枢纽个数较多时，可以考虑将网络中的枢纽分为两组：一组作为主枢纽，另一组作为备用枢纽，对两组枢纽分别独立设计运输路线，然后再将网络合并，其设计思路如图 5-5 所示。首先根据第 2 章提出的运输网络常规枢纽选址方法确定网络主枢纽的位置，如图 5-5（a）中的节点

p_1、p_2、p_3、p_4，依据最短路原则确定枢纽与非枢纽的分配关系。在图 5-5（a）基础上，依据成本最小化（或时间最短）原则选择与主枢纽不同的节点（如节点 n_5、n_6、n_7）作为备用枢纽，将其他节点（包含原主枢纽）均看成非枢纽节点，确定非枢纽节点与备用枢纽的分配关系，如图 5-5（b）所示。图 5-5（a）和（b）共同组成含备用枢纽和备用路线的运输网络，如图 5-5（c）所示。图 5-5（c）所示的运输网络实际上隐含着两个结构独立的子网络，同样可以保证网络所有节点均满足 2- 连接要求，任意 OD 对间均能找到不相交的路线。通过定性分析可以得知，与本章提出的基于备用路线思想设计的运输网络相比，相同总枢纽数量下，基于备用枢纽思想设计的运输网络综合运营成本要稍高，网络冗余小，网络综合弹性略差，但网络固定建设成本较低，未来可以对在一定资源约束下的两种策略进行更详细的定量对比和权衡研究。

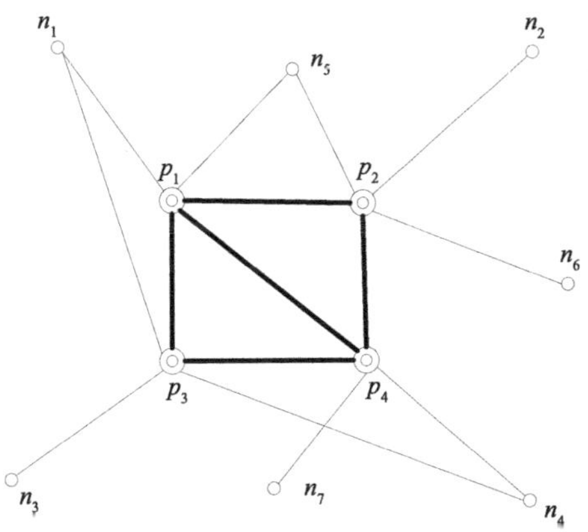

（a）

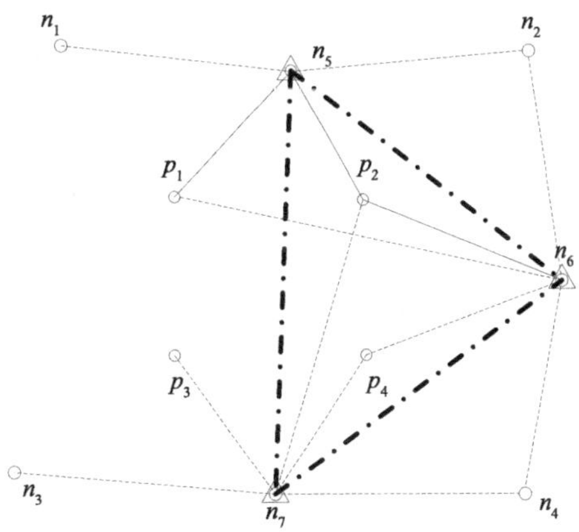

（b）

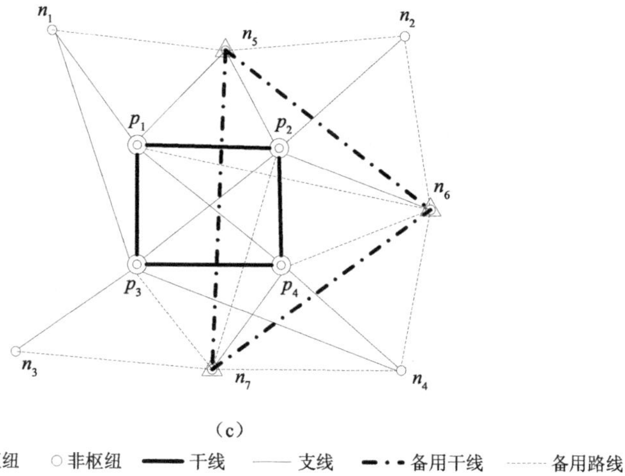

（c）

图 5-5　考虑备用枢纽的运输网络设计思路

（a）多分配轴辐式网络（b）备用枢纽和备用路线（c）含备用枢纽和备用路线的运输网络

本章针对枢纽随机失效的情况，介绍了一种考虑备用路线的弹性运输网络设计策略，在枢纽设计时预设备用路线，建立了同时包含事前预案和事后应急调度的随机规划模型，设计了一种基于动态规划和蒙特卡罗方法的禁忌搜索算法。研究结果表明，预设备用路线不但能直接吸收枢纽失效对网络的冲击，而且增加了网络的连接度，改善了事后应急路线调度效果，大大减少了交通流损失。这种效应随着网络风险的增加先边际递增，后边际递减，当枢纽失效概率较大时，仅通过调整网络设计策略改善网络弹性的效果有限，应采取其他弹性管理措施（如事前关键枢纽保护或事后关键枢纽抢修等）来保证运输网络的效能。算例的分析和讨论可以为弹性运输网络设计、运输力量编成和应急预案制定提供决策支持。本章最后又提出了一种考虑备用枢纽的弹性网络设计思路，并进行了定性分析，未来可以对在一定资源约束下的两种策略进行更详细的定量对比和权衡研究。

第 6 章　基于弹性的运输网络关键枢纽识别

运输网络中的枢纽是各种物流运输方式的衔接点和中转点，既是物资运输的配送中心，也是运输信息处理中心。因此，枢纽在整个运输网络中的地位非常重要，枢纽失效对运输网络的冲击比路径中断的影响更大，多个枢纽失效甚至会导致部分运输任务无法完成。第 3、4、5 章在弹性运输网络设计时通过调整枢纽选址策略或增加网络冗余度的方法改善网络的弹性，然而这些方法基本上都属于被动式的，适用于网络枢纽失效概率不高的情况。如果运输网络面临严重威胁，网络中的枢纽出现大面积失效时，应急路线调度等措施将失去意义。另外，枢纽建设需要成本和时间，运输网络设计完成后不能频繁更改。鉴于此，要从根本上提高运输网络的弹性，应以预防为主，通过采取有效措施对网络中的枢纽进行保护或加强，尽量避免出现枢纽大规模失效的情况。

运输网络采用轴辐式网络，属于无标度网络，枢纽和节点的连接度分布不均匀，网络中的枢纽地位也不相同。网络中的某些非枢纽节点对网络的整体性能影响不大，而一些关键枢纽节点的失效会造成网络弹性急剧下降。考虑到资源的有限性，应对运输网络中的枢纽重要度进行分析，识别出关键枢纽，对其采取保护与改造、预置应急资源、制定抢修预案等综合性保护措施，降低其失效风险，并缩短枢纽失效后的抢修时间，能更有效地改善运输网络的弹性。

已有部分学者对网络关键节点或关键路径的识别问题进行了研究。Ip 和 Wang 将某一点或者某条边移除所引起的整体网络性能的下降作为指标，对网络中的关键点和边进行识别，以汶川地震为例计算了四川铁路的脆弱性。Murray 等人通过极大化网络总交通流识别网络中的关键枢纽。上述研究忽略了在枢纽失效后运输管理者或参与者一般会主动按最小化成本策略重新规划路线的现实，给目标函数估计带来一定误差。Lei 考虑了重新规划路线的情形，通过极大化、极小化网络总运输成本建立关键枢纽识别模型。本章借鉴其思想，从弹性角度出发分别研究了第 2 章和第 5 章提出的两种典型运输网络的关键枢纽识别问题，并对关键枢纽保护的效果进行定量分析。

6.1 问题描述及假设

由前几章的分析可知，运输网络弹性可由枢纽失效前的总运输成本和枢纽失效后的总运输成本之比来测度。在给定运输网络时，枢纽失效前的网络总成本已知，运输网络的弹性取决于枢纽失效后网络的性能。对于常规运输网络，从博弈论的角度，博弈对手在考虑破坏运输网络时，一般会选择那些对网络性能影响大的枢纽进行破坏，另一方在部分枢纽遭到破坏后，会利用现有网络中的枢纽重新规划运输路线，重新规划路线时遵循整体成本最小原则。对于枢纽随机失效网络，当部分枢纽遭到破坏后，网络现存其余枢纽仍有失效的风险，在重新规划路线时应考虑现有枢纽随机失效的风险。常规运输网络和枢纽随机失效运输网络关键枢纽识别的数学模型有所不同，在建立数学模型时，基于以下假设。

（1）一个非枢纽节点可以与多个枢纽节点相连，非枢纽节点间不能直接相连。

（2）当某枢纽失效后，其功能将全部丧失，且短时间内不能恢复，但该节点处产生的流量和到达该节点的流量不会消失，即该节点由枢纽节点变成了非枢纽节点。

（3）常规运输网络在部分枢纽失效后，现存枢纽不会再失效；而随机失效运输网络中，当部分枢纽遭到破坏后，现存其余枢纽仍有失效的风险。

（4）运输网络信息对博弈双方全透明，在制定预防和保护措施时，应考虑最坏情况，选择那些失效后能极大化运输网络成本的枢纽进行优先保护。

（5）当某些枢纽失效后，重新规划运输路线时遵循整体成本最小原则。

6.2 常规运输网络关键枢纽识别模型

记 p 为运输网络中的枢纽总个数，H 为枢纽集合，h 为因有目的的破坏而失效的枢纽个数，决策变量为

$$y_k=\begin{cases}1, \text{枢纽未被破坏}\\0, \text{枢纽被破坏而失效}\end{cases}$$

其他参数与第 2 章相同，常规运输网络的关键枢纽识别模型为

$$\max\quad C_{\text{after}}=\sum_{i\in N}\sum_{j\in N}\sum_{k\in N}\sum_{m\in N}\sum_{s\in S}w_{ij}X_{ijkm}^{s}C_{ijkm}^{s} \tag{6-1}$$

$$\text{s.t.}\quad \sum_{k\in N}y_k=p-h \tag{6-2}$$

$$y_k\in\{0,1\}\quad \forall k\in H \tag{6-3}$$

$\forall i,j,k,m\in N$，有

$$\min\quad C_{\text{after}}=\sum_{i\in N}\sum_{j\in N}\sum_{k\in N}\sum_{m\in N}\sum_{s\in S}w_{ij}X_{ijkm}^{s}C_{ijkm}^{s} \tag{6-4}$$

$$\text{s.t.}\quad \sum_{k\in N}\sum_{m\in N}\sum_{s\in S}X_{ijkm}^{s}=1\quad \forall i,j\in N \tag{6-5}$$

$$X_{ijkm}^{s}\leqslant y_k\quad \forall i,j,k,m\in N,\ s\in S \tag{6-6}$$

$$X_{ijkm}^{s}\leqslant y_m\quad \forall i,j,k,m\in N,\ s\in S \tag{6-7}$$

$$X_{ijkm}^{s}\in\{0,1\}\quad \forall i,j,k,m\in N,\ s\in S \tag{6-8}$$

式（6-1）为模型的顶层规划目标函数，博弈对手会选择攻击那些一旦失效会使整个运输网络的总运输成本最大的枢纽进行破坏，而这些枢纽就是另一

方重点保护的对象。式（6-2）为枢纽个数约束，p 个枢纽中有 h 个失效后，尚存在（$p-h$）个枢纽。式（6-3）为 0-1 整数约束。

式（6-4）为底层规划目标函数，其是站在决策者在既定枢纽失效后对运输路线进行重新规划的角度考虑问题，遵循整体运输成本最小原则。式（6-5）为运输模式约束，对于任一对起讫点，只能通过一对（或一个）枢纽并且在枢纽对间选择公路和铁路的一种进行运输。式（6-6）和式（6-7）表示只有枢纽没有失效，才会有基于该枢纽运输的路线选择。式（6-8）为 0-1 整数约束。

6.3 随机失效运输网络关键枢纽识别模型

考虑到博弈对手对另一方运输网络中的关键枢纽进行有针对性的破坏后，网络中的其他枢纽仍有概率失效的情形，记 p 为运输网络中枢纽的总个数，h 为需识别关键枢纽的个数，决策变量为

$$y_k=\begin{cases}1,\ \text{枢纽概率失效}\\0,\ \text{枢纽始终失效}\end{cases}$$

其他决策变量和模型参数与第 5 章的模型Ⅲ相同，枢纽随机失效运输网络关键枢纽识别模型为

$$\max\ C_{\text{after}} \tag{6-9}$$

$$\text{s.t.}\quad \sum_{k\in N} y_k = p-h \tag{6-10}$$

$$y_k\in\{0,1\}\quad \forall k\in H \tag{6-11}$$

$\forall i,j,k,m\in N$，有

$$\begin{aligned}C_{\text{after}}=\min E(C)=&\sum_{i\in N}\sum_{j\in N}\sum_{k\in N}\sum_{m\in N} w_{ij}r_{km}X_{ijkm}C_{ijkm}+\\&\sum_{i\in N}\sum_{j\in N}\sum_{q\in N}\sum_{s\in N} w_{ij}(1-r_{km})r_{qs}X_{ijqs}C_{ijqs}+\\&\sum_{i\in N}\sum_{j\in N}\sum_{q\in N}\sum_{s\in N} w_{ij}(1-r_{km})(1-r_{qs})\xi U_{ijuv}C_{ijuv}+\end{aligned}$$

$$\sum_{i\in N}\sum_{j\in N}\sum_{k\in N}\sum_{m\in N}\sum_{q\in N}\sum_{s\in N}w_{ij}(1-r_{km})(1-r_{qs})(1-\xi)\varphi c_{ij} \tag{6-12}$$

s.t.
$$\sum_{k\in N}\sum_{m\in N}X_{ijkm}=1 \quad \forall i,j\in N \tag{6-13}$$

$$\sum_{q\in N}\sum_{s\in N}X_{ijqs}=1 \quad \forall i,j\in N \tag{6-14}$$

$$y_k+z_k\leqslant 1 \quad \forall k \tag{6-15}$$

$$X_{ijkm}\leqslant y_k \quad \forall i,j,k,m\in N \tag{6-16}$$

$$X_{ijkm}\leqslant y_m \quad \forall i,j,k,m\in N \tag{6-17}$$

$$X_{ijqs}\leqslant z_q \quad \forall i,j,q,s\in N \tag{6-18}$$

$$X_{ijqs}\leqslant z_s \quad \forall i,j,q,s\in N \tag{6-19}$$

$$X_{ijkm}\leqslant X_{ijqs},\ X_{ijkm}\in S_1,\ X_{ijqs}\in S_2 \tag{6-20}$$

$$\sum_{q\in N}\sum_{s\in N}X_{ijqs}+\sum_{u\in N}\sum_{v\in N}U_{ijuv}=1 \quad \forall i,j,q,s,u,v\in N \tag{6-21}$$

$$U_{ijuv}\leqslant y_u \quad \forall i,j,u,v\in N \tag{6-22}$$

$$U_{ijuv}\leqslant y_v \quad \forall i,j,u,v\in N \tag{6-23}$$

$$y_k,z_k,y_u,U_{ijuv},X_{ijkm},X_{ijqs}\in\{0,1\} \quad \forall i,j,k,m,q,s,u,v\in N \tag{6-24}$$

式（6-9）为模型的顶层规划目标函数，识别哪些枢纽彻底失效会使整个运输网络的总运输成本最大，这些枢纽就是需要重点保护的对象。式（6-10）为枢纽状态约束，p 个枢纽中有 h 个枢纽彻底失效，剩余 $(p-h)$ 个枢纽概率失效。式（6-11）为 0 1 整数约束。

式（6-12）为底层规划目标函数，表示决策者针对已有部分枢纽彻底失效、现存其他枢纽随机失效的情况，从运输任务重新规划的角度考虑问题，遵循整体期望成本最小原则，等号右侧第一项为采用主路线运输时的网络期望运输成本，第二项为采用预设备用路线运输时的期望运输成本，第三项为主路线和备用路线均中断，应急调度采用临时应急路线运输时的期望运输成本，第四项为找不到可行的运输路线时交通流的期望损失成本。式（6-13）和式（6-14）为运输模式约束，对于任一对起讫点，均有两条通过枢纽的运输路线。式（6-15）为枢纽形式约束，主路线和预设备用路线的枢纽不能重复。式（6-16）至式（6-19）表示只有枢纽没有失效，才会有基于该枢纽对运输的路线选择。式（6-20）表示主路线 X_{ijkm} 与备用路线 X_{ijqs} 不相交。式（6-21）表示当主路线中断时如果预设备用路线正常，则不需要再寻找临时应急备用路线。式（6-22）和式（6-23）表示只有枢纽没有失效，才会有基于该枢纽对运输的路线选择。式（6-24）为 0-1 整数约束。

6.4 两个模型的求解算法设计

对 6.2 节中的模型，进行求解的主要工作如下：首先识别出哪些枢纽是重要的枢纽节点，即确定哪些枢纽会失效，然后确定部分枢纽失效后新的运输方案。由于运输网络已经给定，原网络的枢纽位置和数量已知，枢纽失效的个数有限。因此，对于顶层规划的问题可以通过枚举法来求解，例如当前的枢纽集为 [1，2，3，4，5]，当前有两个枢纽失效，那么现存的枢纽集有 10 种可能，即 [1，2，3]，[1，2，4]，[1，2，5] 等。对于底层规划的问题，当给定枢纽失效后现存枢纽的位置已知时，可以利用第 2 章提出的对特定网络求最短路的方法进行求解。网络中的关键枢纽是那些一旦失效就使式（6-1）函数值最大的枢纽组合。

对 6.3 节中的模型，由于运输网络结构已经给定，网络的枢纽位置和数量已知，顶层规划的问题可以通过枚举法来求解。由于网络中的特定枢纽失效后，网络中的其他枢纽仍会概率失效，底层规划存在随机变量，可采用第 5 章提出的蒙特卡罗方法对特定枢纽失效后其他枢纽的状态进行模拟，对每一种特定状态下的运输网络采用最短路算法计算网络运输成本，最后利用大数定律对式（6-12）的期望值进行估计。网络中的关键枢纽是那些一旦彻底失效就使式（6-12）期望值最大的枢纽组合。

6.5　算例分析与讨论

常规运输网络关键枢纽识别模型算例以第 2 章 15 节点运输网络算例结果为基础，表 6-1 给出了不同枢纽失效个数下能极大化运输成本的关键枢纽集。从表中可以看出，枢纽节点 5 最为关键，其失效能引起总成本增加 31.4%。在对枢纽进行保护和采取弹性管理措施时应首先关注枢纽节点 5。5 个枢纽的重要度排序为 5＞8＞10＞14＞1，也就是说在 5 个枢纽中，枢纽节点 1 的失效对网络性能的影响最小，这是由于枢纽节点 1 处于地图的一角，与其他节点的连接度最小，其失效产生的影响小于其他连接度大的枢纽失效产生的影响。

表 6-1　枢纽失效对常规枢纽网络性能的影响

枢纽失效个数 q	失效的关键枢纽集	运输总成本（$\times10^7$ 元）	总成本增加（%）	网络弹性 R
0	[]	1.743 2	0	1
1	[5]	2.290 0	31.4	0.76
2	[5，8]	2.907 4	66.8	0.60
3	[5，8，10]	4.166 9	139.0	0.42
4	[5，8，10，14]	6.698 7	284.3	0.26

枢纽随机失效运输网络关键枢纽识别模型算例采用第 5 章模型Ⅲ在枢纽可靠性为 0.8 时的网络设计方案。该方案枢纽集为 [5，7，9，10，12，14，15]，在枢纽可靠性水平为 0.8 时对应网络弹性为 0.847 9，然而当枢纽可靠性降低至 0.5 时，网络弹性下降为 0.515 4。如果考虑选择两个枢纽进行事前保护，通过对 6.3 节的模型求解，识别出需要重点保护的两个枢纽为 [5，15]。假设采取保护措施后的枢纽 [5，15] 可靠性提高到 0.999，则在不同枢纽可靠性水平下采取

保护措施和未采取保护措施的网络弹性对比见表 6-2。从表中数据可以看出，对运输网络中的关键枢纽进行保护后，网络的弹性得到大幅改善，枢纽失效概率越高，关键枢纽保护的效果越明显。图 6-1 更直观地反映了关键枢纽保护措施对网络弹性的改善效果。

表 6-2　关键枢纽保护对随机失效运输网络弹性的影响

可靠性水平	未采取保护措施时的网络弹性	对关键枢纽保护后的网络弹性	弹性提高值
0.9	0.922 7	0.944 0	0.021 3
0.8	0.847 9	0.906 4	0.058 5
0.7	0.750 9	0.859 4	0.108 5
0.6	0.635 9	0.799 8	0.163 9
0.5	0.515 4	0.731 6	0.216 2
0.4	0.410 9	0.655 8	0.244 9

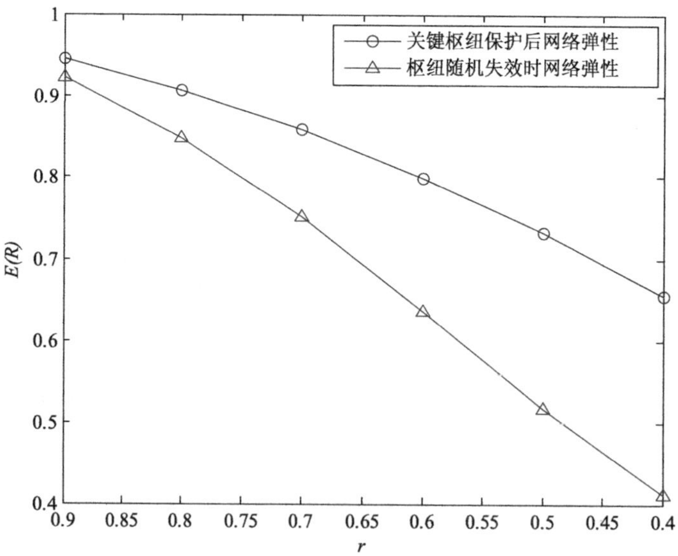

图 6-1　关键枢纽保护策略效果对比图

当运输网络面临严重威胁，网络中的枢纽大面积失效时，枢纽选址策略调整和应急路线调度等措施将失去意义，要从根本上提高运输网络的弹性，应以预防为主，通过采取有效措施对网络中的关键枢纽进行保护或加强。本章从弹性视角研究了运输网络关键枢纽识别的问题，从博弈论的角度思考问题，对特定枢纽失效运输网络和随机枢纽失效运输网络分别建立了双层整数规划模型和混合随机规划模型，并给出了求解算法，最后通过算例定量研究了运输网络关键枢纽保护策略的效果。当运输网络设计完成后，识别出网络中的关键枢纽具有重要现实意义，本章的研究可以为有限资源约束下运输网络枢纽保护策略制定或枢纽大面积失效时抢救、抢修策略制定提供决策依据。未来可以对如何改善枢纽自身的弹性和枢纽保护策略进行定量研究。

第 7 章　弹性运输网络枢纽选址研究趋势

在运输网络设计中，枢纽选址是最重要的长期决策之一，选址方案直接影响网络的运输效率、可靠性和安全性，有着重大的经济、社会和军事意义。弹性是近年来运输网络枢纽选址研究关注的热点问题，主要用于衡量网络在受到各种失效或中断事件冲击时，能吸收和降低影响并且能快速恢复到正常状态的能力。本书从弹性角度研究运输网络枢纽选址问题是在该研究领域的一些有益探索。同时，由于问题的复杂性，相关研究还存在一定的局限，本书旨在抛砖引玉，后续研究可以在此基础上继续深化拓展。

7.1　弹性运输网络枢纽选址研究总结

本书系统介绍了不同情况下弹性运输网络枢纽选址策略及建模求解方法，主要包括以下几个方面。

（1）对枢纽无失效情况下的运输网络枢纽选址问题建立了数学模型，并给出了求解算法。将运输过程抽象为带时间约束的多式联运问题，建立了整数规划模型，提出了一种基于 Floyd 最短路算法和禁忌搜索的启发式算法，设计了一个仿真算例，为定量研究运输网络枢纽选址问题奠定了基础。枢纽选址方案可以为运输网络建设提供依据，节点分配方案可以为常规情况下运输路线规划提供参考。

（2）从性能兼顾的角度给出了考虑特定枢纽失效情况的弹性运输网络枢纽

选址策略。对平时和应急网络总成本同时进行优化，从弹性视角建立了能实现网络性能权衡的双目标三层整数规划模型，并设计了一种多目标禁忌搜索算法。研究结果能为安全高效的交通网络建设提供定量参考。

（3）对枢纽随机失效情况下弹性运输网络枢纽选址问题进行了研究，建立了枢纽选址随机规划模型，提出了一种基于蒙特卡罗方法和禁忌搜索的求解算法。现有方法一般仅适用于最多有一个枢纽失效的情况，而提出的方法则适用于有多个枢纽失效且失效概率不同的情况，更具有通用性。研究表明，将枢纽随机失效因素考虑到网络设计中，能在一定程度上提高运输网络的弹性。

（4）对西部交通网络不发达地区的运输网络设计提出了一种考虑备用路线的弹性运输网络设计策略。在枢纽设计时预设备用路线，建立了同时包含事前预案和事后应急调度的随机规划模型，提出了一种基于动态规划和蒙特卡罗方法的禁忌搜索算法。研究表明，预设备用路线不但能直接吸收枢纽失效对网络的冲击，而且增加了网络的连接度，改善了事后应急路线调度效果，大大减少了交通流损失。这种效应随着网络风险的增加先边际递增、后边际递减。

（5）基于弹性视角研究了运输网络关键枢纽识别问题。从双方博弈的角度建立了双层整数规划模型，对运输网络关键枢纽进行识别。研究表明，当网络威胁严重时，识别出运输网络中关键枢纽并事前采取保护措施，能够大幅提高运输网络应对网络风险的能力。

上述研究可以为弹性运输网络设计提供理论依据和工具方法，是现有运输网络设计和枢纽选址研究的一个重要拓展，本书提出的相关方法具有一定的创新性。

7.2　弹性运输网络枢纽选址研究局限

由于运输网络的复杂性和网络冲击的不确定性，本书的研究仍有一定的局限性和不足，未来研究可以从以下几个方面来改进。

（1）第 2 章、第 3 章的研究只考虑了公铁联运的情形；第 4 章、第 5 章鉴于随机问题建模求解的复杂性，未考虑联运的情形。未来研究可以将模型和方法扩展到铁路、公路、水路、航空多种运输方式的情形。

（2）考虑到运输成本和时间都与运输距离成正比，二者具有高度的正相关性，故研究在考虑弹性时，主要以成本作为目标函数来优化。在军事行动中，时间和成本同等重要，有时甚至要优先考虑时间。未来研究可以将时间作为目标函数，或者将时间、成本、运量等因素综合考虑。

（3）枢纽是弹性运输网络的核心，本书中考虑网络弹性时仅研究了不同枢纽失效的情形，但网络中其他节点失效或路径中断也会对运输任务产生不同程度的影响，后续研究可以考虑此类情形；第 5 章提出通过预设备用路线策略提高网络弹性，未来研究可以尝试采用建设备用枢纽的策略。

（4）在研究时对弹性运输问题进行了抽象和简化，在算例分析时主要采用仿真数据。未来研究一方面可以在现有基础上进一步放松研究假设或增加研究假设，以适应现实中的不同情况，如将研究中的多分配假设改为单分配假设，考虑枢纽运量限制或交通拥堵等因素；另一方面应尽可能对弹性运输中的相关参数进行量化，利用真实案例进行分析，使结果更具有实践指导意义。

7.3 弹性运输网络枢纽选址研究展望

提高运输网络的效率和安全性是运输网络设计和建设中面临的一个重大现实问题。本书以枢纽选址问题为切入点，从网络设计角度提高运输网络的弹性，但影响运输网络弹性的因素是多方面的，受到冲击后网络的弹性周期也是分阶段的，未来可以研究其他弹性管理措施并对弹性周期进行全过程干预，从而全面提高运输网络的弹性。另外，本书在设计模型求解算法时均以禁忌搜索为基本框架，以特定 Floyd 最短路算法减少计算量。考虑到关于启发式算法的研究方兴未艾，传统启发式算法的改进不断深入，新的启发式算法也不断涌现，未来研究一方面可以借助精确求解算法中的分支定界、拉格朗日松弛、不等式约束等进一步减少算法计算量，另一方面也可以尝试采用其他启发式算法或将几种启发式算法的优点相结合以更高效地解决问题。需要指出的是，尽管本书是以交通运输为背景研究弹性网络枢纽选址问题，但提出的研究思路和方法也可以为供应链管理、物流管理、通信网络等其他领域的类似问题提供借鉴。

参考文献

[1] AUERBACH J，KIM H. Measuring robustness and coverage of transportation networks with multiple routes and hubs[J]. Annals of the American association of geographers，2022，112（6）：1741-1760.

[2] PAN S，YAN H，HE J，et al. Vulnerability and resilience of transportation systems：a recent literature review[J]. Physica A：statistical mechanics and its applications，2021，581：126235.

[3] WANG L，ZHENG S，WANG Y，et al. Identification of critical nodes in multimodal transportation network[J]. Physica A：statistical mechanics and its applications，2021，580：126170.

[4] YE Q，KIM H. Assessing network vulnerability of heavy rail systems with the impact of partial node failures[J]. Transportation，2019，46（5）：1591-1614.

[5] ROSTAMI B，KAEMMERLING N，BUCHHEIM C，et al. Reliable single allocation hub location problem under hub breakdowns[J]. Computers & operations research，2018，96（9）：15-29.

[6] KIM H，KIM C，CHUN Y. Network reliability and resilience of rapid transit systems[J]. The professional geographer，2016，81（1）：53-65.

[7] PURVIS L，GOSLING J，NAIM M M. The development of a lean，agile and leagile supply network taxonomy based on differing types of flexibility[J]. International journal of production economics，2014，151：100-111.

[8] IBANEZ E，LAVRENZ S，GKRITZA K，et al. Resilience and robustness in long-term planning of the national energy and transportation system[J]. Interna-

tional journal of critical infrastructures，2016，12（1-2）：82-103.

[9] SOLTANI-SOBH A，HEASLIP K，STEVANOVIC A，et al. Evaluation of transportation network reliability during unexpected events with multiple uncertainties[J]. International journal of disaster risk reduction，2016，17：128-136.

[10] REGGIANI A. Network resilience for transport security：some methodological considerations[J]. Transport policy，2013，28：63-68.

[11] MATTSSON L，JENELIUS E. Vulnerability and resilience of transport systems：a discussion of recent research[J]. Transportation research part a：policy and practice，2015，81：16-34.

[12] HENRY D，RAMIREZ-MARQUEZ J E. Generic metrics and quantitative approaches for system resilience as a function of time[J]. Reliability engineering：system safety，2012，99（3）：114-122.

[13] FARAHANI R Z，HEKMATFARD M，BOLOORIARABANI A，et al. Hub location problems：a review of models，classification，solution techniques，and applications[J]. Computers & industrial engineering，2013，64（4）：1096-1109.

[14] BAYKASOĞLU A，SUBULAN K. A multi-objective sustainable load planning model for intermodal transportation networks with a real-life application[J]. Transportation research part e：logistics and transportation review，2016，95：207-247.

[15] ASSADIPOUR G，KE G Y，VERMA M. Planning and managing intermodal transportation of hazardous materials with capacity selection and congestion[J]. Transportation research part e：logistics and transportation review，2015，76：45-57.

[16] QU Y，BEKTA T，BENNELL J. Sustainability SI：multimode multicommodity

network design model for intermodal freight transportation with transfer and emission costs[J]. Networks and spatial economics，2016，16（1）：303-329.

[17] REGGIANI A，NIJKAMP P，LANZI D. Transport resilience and vulnerability：the role of connectivity[J]. Transportation research part a：policy and practice，2015，81：4-15.

[18] AZIZI N，CHAUHAN S，SALHI S，et al. The impact of hub failure in hub-and-spoke networks：mathematical formulations and solution techniques[J]. Computers & operations research，2016，65：174-188.

[19] MONTGOMERY E B. Contested primacy in the Western Pacific：China’ s rise and the future of US power projection[J]. International security，2014，38（4）：115-149.

[20] ELLIOTT C S. Managing the growing Chinese power in SE Asia：the US struggle to maintain power projection in the face of the rising Middle Kingdom[D]. Norfolk：National Defense University，2016.

[21] O’KELLY M E. A quadratic integer program for the location of interacting hub facilities[J]. European journal of operational research，1987，32（3）：393-404.

[22] KHALEGHI A，EYDI A. Multi-period hub location problem：a review[J]. RAIRO - operations research，2022，56（4）：2751-2765.

[23] ALUMUR S，BAHAR Y K. Network hub location problems：the state of the art[J]. European journal of operational research，2008，190（1）：1-21.

[24] YAMAN H. Allocation strategies in hub networks[J]. European journal of operational research，2011，211（3）：442-451.

[25] ALUMUR S A，YAMAN H，KARA B Y. Hierarchical multimodal hub location problem with time-definite deliveries[J]. Transportation research part e：logistics and transportation review，2012，48（6）：1107-1120.

[26] ISHFAQ R，SOX C R. Design of intermodal logistics networks with hub delays[J]. European journal of operational research，2012，220（3）：629-641.

[27] DA GRAÇA COSTA M，CAPTIVO M E，CLÍMACO J. Capacitated single allocation hub location problem：a bi-criteria approach[J]. Computers & operations research，2008，35（11）：3671-3695.

[28] DABIDIAN P，MEIER J F，GOEDICKE I，et al. Combining discrete optimization and simulation to understand stochastic hub location problems[J]. IFAC-papers on line，2015，48（1）：683-684.

[29] MOHAMMADI M，JOLA F，TAVAKKOLI-MOGHADDAM R. Solving a new stochastic multi-mode p-hub covering location problem considering risk by a novel multi-objective algorithm[J]. Applied mathematical modelling，2013，37（24）：10053-10073.

[30] MOHAMMADI M，TORABI S A，TAVAKKOLI-MOGHADDAM R. Sustainable hub location under mixed uncertainty[J]. Transportation research part e：logistics and transportation review，2014，62：89-115.

[31] ADIBI A，RAZMI J. 2-stage stochastic programming approach for hub location problem under uncertainty：a case study of air network of Iran[J]. Journal of air transport management，2015，47：172-178.

[32] MARTINS DE SÁ E，CONTRERAS I，CORDEAU I. Exact and heuristic algorithms for the design of hub networks with multiple lines[J]. European journal of operational research，2015，246（1）：186-198.

[33] MAHMUTOGULLARI A I，KARA B Y. Hub location under competition[J]. European journal of operational research，2016，250（1）：214.

[34] TEYE C，BELL M G H，BLIEMER M C J. Entropy maximising facility location model for port city intermodal terminals[J]. Transportation research part e：

logistics and transportation review，2017，100：1-16.

[35] STEADIESEIFI M，DELLAERT N P，NUIJTEN W，et al. Multimodal freight transportation planning：a literature review[J]. European journal of operational research，2014，233（1）：1-15.

[36] ERTEM M A，İŞBILIR M，ŞAHIN ARSLAN A. Review of intermodal freight transportation in humanitarian logistics[J]. European transport research review，2017，9（1）：1-11.

[37] 李丽，曾永长 . 物流运输中多式联运模型及算法 [J]. 统计与决策，2009（20）：27-29.

[38] 刘维林 . 基于动态蚁群算法的集装箱国际多式联运路径优化研究 [J]. 北京交通大学学报（社会科学版），2012，11（3）：57-62.

[39] 熊桂武，王勇 . 带时间窗的多式联运作业整合优化算法 [J]. 系统工程学报，2011，26（3）：379-386.

[40] 康凯，牛海姣，朱越杰，等 . 基于粒子群蚁群算法求解多式联运中运输方式与运输路径集成优化问题 [J]. 物流工程与管理，2009，31（10）：61-65.

[41] 杨英杰，张柳，绳慧，等 . 战时交通运输路径优化研究 [J]. 指挥控制与仿真，2011，33（5）：50-53.

[42] SNYDER L V，DASKIN M S. Reliability models for facility location：the expected failure cost case[J]. Transportation science，2005，39（3）：400-416.

[43] CUI T，OUYANG Y，SHEN Z. Reliable facility location design under the risk of disruptions[J]. Operations research，2010，58（4）：998-1011.

[44] LI X，OUYANG Y. A continuum approximation approach to reliable facility location design under correlated probabilistic disruptions[J]. Transportation research part b：methodological，2010，44（4）：535-548.

[45] LI Q，SHEN M，SNYDER L. The effect of supply disruptions on supply chain

design decisions[J]. Transportation science，2010，44（2）：274-289.

[46] PENG P，SNYDER L V，LIM A，et al. Reliable logistics networks design with facility disruptions[J]. Transportation research part b：methodological，2011，45（1）：1190-1211.

[47] LI Q W，ZENG B，SAVACHKIN A. Reliable facility location design under disruptions[J]. Computers & operations research，2013，40（4）：901-909.

[48] IP W H，WANG D. Resilience and friability of transportation networks：evaluation，analysis and optimization[J]. IEEE systems journal，2011，2（5）：189-198.

[49] SÖRENSEN K，VANOVERMEIRE C. Bi-objective optimization of the intermodal terminal location problem as a policy-support tool[J]. Computers in industry，2013，64（2）：128-135.

[50] TRAN T H，O'HANLEY J R，SCAPARRA M P. Reliable hub network design：formulation and solution techniques[J]. Transportation science，2017，51（1）：358-375.

[51] OMER M，NILCHIANI R，MANSOURI M，et al. A framework for assessing resiliency of maritime transportation systems[J]. Maritime policy & management，2012，39（7）：685-703.

[52] ZHAO K，KUMAR A，HARRISON T P，et al. Analyzing the resilience of complex supply network topologies against random and targeted disruptions[J]. IEEE systems journal，2011，5（1）：28-39.

[53] KIM H. P-hub protection models for survivable hub network design[J]. Journal of geographical systems，2012，14（4）：437-461.

[54] JANIĆ M. Modelling the resilience，friability and costs of an air transport network affected by a large-scale disruptive event[J]. Transportation research part

a：policy and practice，2015，71：1-16.

[55] MILLER-HOOKS E，ZHANG X D，FATURECHI R. Measuring and maximizing resilience of freight transportation networks[J]. Computers & operations research，2012，39（7）：1633-1643.

[56] 毕海玲，张旭涛，傅钰 . 联合投送背景下运输网络弹性研究 [J]. 军事交通学院学报，2015（8）：83-86.

[57] 毕海玲，张旭涛，傅钰 . 基于禁忌搜索的战略投送枢纽选址研究 [J]. 军事交通学院学报，2017，19（6）：81-86.

[58] 康凯，毕海玲，张旭涛 . 弹性视角下战略投送网络枢纽选址策略 [J]. 系统工程，2018，36（3）：151-154

[59] 王帮俊，吴艳芳 . 考虑枢纽点失效和拥堵情形的轴辐式物流网络设计研究 [J]. 工业工程与管理，2019，24（2）：8.

[60] 闫妍，张锦，唐秋宇，等 . 航线联盟下航空货运网络枢纽点选址问题研究 [J]. 运筹与管理，2021，30（9）：64-72.

[61] 闫黄，张小宁 . 考虑枢纽失效情形的客运枢纽层级选址模型 [J]. 同济大学学报（自然科学版），2022，50（5）：610-620.

[62] LOSADA C，SCAPARRA M P，O’HANLEY J R. Optimizing system resilience：a facility protection model with recovery time[J]. European journal of operational research，2012，217（3）：519.

[63] KONAK A，BARTOLACCI M R. Designing survivable resilient networks：a stochastic hybrid genetic algorithm approach[J]. Omega，2007，35（6）：645-658.

[64] CHURCH R L，SCAPARRA M P，MIDDLETON R S. Identifying critical infrastructure：the median and covering facility interdiction problems[J]. Annals of the association of american geographers，2004，94（3）：491-502.

[65] CHEN L，MILLER-HOOKS E. Resilience：an indicator of recovery capability in intermodal freight transport[J]. Transportation science，2012，46（1）：109-123.

[66] FATURECHI R，MILLER-HOOKS E. A mathematical framework for quantifying and optimizing protective actions for civil infrastructure systems[J]. Computer-aided civil and infrastructure engineering，2013，29（8）：572-589.

[67] ISHFAQ R，SOX C R. Hub location–allocation in intermodal logistic networks[J]. European journal of operational research，2011，210（2）：213-230.

[68] KURAPATI S，LUKOSCH H，VERBRAECK A，et al. Improving resilience in intermodal transport operations in seaports：a gaming approach[J]. EURO journal on decision processes，2015，3（3）：375-396.

[69] O'KELLY M. Network hub structure and resilience[J]. Networks and spatial economics，2015，15（2）：235-251.

[70] D'LIMA M，MEDDA F. A new measure of resilience：an application to the London underground[J]. Transportation research part a：policy and practice，2015，81：35-46.

[71] O'LEARY J K，MICHELI F，AIROLDI L，et al. The resilience of marine ecosystems to climatic disturbances[J]. BioScience，2017，67（3）：208-220.

[72] VUGRIN E D，TURNQUIST M A，BROWN N J K. Optimal recovery sequencing for enhanced resilience and service restoration in transportation networks[J]. International journal of critical infrastructures，2014，10（3）：218-246.

[73] KULTUREL-KONAK S，SMITH A E，NORMAN B A. Multi-objective tabu search using a multinomial probability mass function[J]. European journal of operational research，2006，169（3）：918-931.

[74] GOUVEIA L，PATRICIO P，SOUSA A D. Hop-constrained node survivable network design：an application to MPLS over WDM[J]. Networks and spatial economics，2008，8（1）：3-21.

[75] MATISZIW T C，MURRAY A T. Modeling s-t path availability to support disaster vulnerability assessment of network infrastructure[J]. Computers and operations research，2009，36（1）：16-26.

[76] SCHMITT T G，KUMAR S，STECKE K E，et al. Mitigating disruptions in a multi-echelon supply chain using adaptive ordering[J]. Omega，2017，68：185-198.

[77] FATURECHI R，MILLER-HOOKS E. Measuring the performance of transportation infrastructure systems in disasters：a comprehensive review[J]. Journal of infrastructure systems，2015，21（1）：4014025.1-4014025.15.

[78] AN Y，ZHANG Y，ZENG B. The reliable hub-and-spoke design problem：models and algorithms[J]. Transportation research part b：methodological，2015，77（C）：103-122.

[79] WANG X，MENG Q. Discrete intermodal freight transportation network design with route choice behavior of intermodal operators[J]. Transportation research part b：methodological，2017，95：76-104.

[80] 柏明国，朱金福，徐进 . P- 枢纽航线网络设计问题的一种启发式算法 [J]. 运筹与管理，2007，16（4）：64-68.

[81] 张旭涛，何桢 . 多响应稳健性优化的贝耶斯分析 [J]. 系统工程，2015（9）：127-132.

[82] 张旭涛，何桢，毕海玲 . 基于似无关模型的改进多元损失函数方法 [J]. 工业工程，2016（6）：51-55.

[83] MOHAMMADI M，TAVAKKOLI-MOGHADDAM R，SIADAT A，et al. De-

sign of a reliable logistics network with hub disruption under uncertainty[J]. Applied mathematical modelling，2016，40（9-10）：5621-5642.

[84] LABAKA L，HERNANTES J，SARRIEGI J M. A framework to improve the resilience of critical infrastructures[J]. International journal of disaster resilience in the built environment，2015，6（4）：409-423.

[85] MURRAY A T，MATISZIW T C，GRUBESIC T H. Critical network infrastructure analysis：interdiction and system flow[J]. Journal of geographical systems，2007，9（2）：103-117.

[86] LEI T L. Identifying critical facilities in hub-and-spoke networks：a hub interdiction median problem[J]. Geographical analysis，2013，45（2）：105-122.

[87] LEWIS T. Critical infrastructure protection in homeland security：defending a networked nation[M]. [S.l.]：John Wiley & Sons，2014.

[88] HE Y，WU T，ZHANG C R，et al. An improved MIP heuristic for the intermodal hub location problem[J]. Omega，2015，57：203-211.

[89] GHADERI A. Heuristic algorithms for solving an integrated dynamic center facility location：network design model[J]. Networks and spatial economics，2015，15（1）：43-69.

[90] WAN C，YANG Z，ZHANG D，et al. Resilience in transportation systems：a systematic review and future directions[J]. Transport reviews，2018，38（4）：479-498.

[91] LI T，RONG L，YAN K. Vulnerability analysis and critical area identification of public transport system：a case of high-speed rail and air transport coupling system in China[J]. Transportation research part a：policy and practice，2019，127：55-70.

[92] ZHOU Y，WANG J，YANG H. Resilience of transportation systems：concepts

and comprehensive review[J]. IEEE transactions on intelligent transportation systems，2019，20（12）：4262-4276.

[93] SUN W，BOCCHINI P，DAVISON B D. Resilience metrics and measurement methods for transportation infrastructure：the state of the art[J]. Sustainable and resilient infrastructure，2020，5（3）：168-99.

[94] POURGHADER C A，ADIBI M A，KAZEMI A. A novel multi-objective model for hub location problem considering dynamic demand and environmental issues[J]. Journal of industrial engineering and management studies，2021，8（1）：1-31.

[95] SHEN H，LIANG Y，SHEN Z J. Reliable hub location model for air transportation networks under random disruptions[J]. Manufacturing & service operations management，2021，23（2）：388-406.

[96] ALUMUR SA，CAMPBELL J F，CONTRERAS I，et al. Perspectives on modeling hub location problems[J]. European journal of operational research，2021，291（1）：1-7.

[97] KRAMARZ M，PRZYBYLSKA E，WOLNY M. Reliability of the intermodal transport network under disrupted conditions in the rail freight transport[J]. Research in transportation business & management，2022，44：100686.